Originalausgabe
Ein Band in der Reihe
»Informationen zur Zeit«

Über dieses Buch

Ruhrgebiet – kaum eine andere Landschaft ist derart belastet mit Vorurteilen und Negativ-Klischees. Deutsche Dreckecke, Synonym für kommunales Kuddelmuddel, verhunzte Landschaft und inhumaner Lebensraum – Schreckensbilder, die immer noch kolportiert werden, obwohl sie die Realität des Reviers nurmehr zum Teil treffen.
Daß sich vieles geändert hat, daß Freizeitanlagen gebaut, wüste Zechenbrachen begrünt, Seen gestaut, Universitäten in Betrieb genommen und die Lebensbedingungen verbessert worden sind – das alles sind Entwicklungen, die außerhalb der Region zwischen Ruhr und Emscher bislang kaum wahrgenommen worden sind.
Zwar ist das Ruhrgebiet auch heute noch eine Arbeitslandschaft, eine Industriezone mit allen Nachteilen für die dort lebende Bevölkerung; noch immer ist vor allem die Emscher-Zone ein Gebiet, wo Menschen unter zum Teil unerträglichen Umweltbedingungen leben müssen – gleichwohl hat das Revier der Klischees längst aufgehört zu existieren.
Der vorliegende Band versucht in einzelnen Reportagen zu zeigen, was Sache ist im Revier – Momentaufnahmen vom Alltag, Ausschnitte der Realität.

Die Autoren

Stefan Klein, geboren 1950 in Tecklenburg/Westfalen, nach Ausbildung an der Deutschen Journalisten-Schule in München dreieinhalb Jahre Redaktionsmitglied der *Süddeutschen Zeitung* in München, dann Wechsel in die Düsseldorfer *Spiegel*-Redaktion. Seit 1977 ist er wieder bei der *Süddeutschen Zeitung*, zunächst im Landesbüro in Düsseldorf, ab April 1981 als Afrika-Korrespondent in Nairobi.
Er ist Mitarbeiter an dem von W. Benz herausgegebenen Band ›Rechtsradikalismus: Randerscheinung oder Renaissance?‹ (Fischer Taschenbuch Bd. 4218).
1979 und 1980 erhielt er für zeitkritische Reportagen den Egon Erwin Kisch-Preis.

Manja Karmon-Klein, geboren 1946 in Stockholm, israelische Staatsbürgerin, studierte von 1967 bis 1969 Fotografie bei Otto Steinert an der Folkwang-Schule in Essen. Seit 1970 Fotografin in Düsseldorf, zunächst in der Werbebranche, dann vorwiegend Reportagen u. a. für GEO, Süddeutsche Zeitung, Inter Nationes. Ab April 1981 in Nairobi.

Stefan Klein
Manja Karmon-Klein

Reportagen aus dem Ruhrgebiet

Mit Bemerkungen von Willi Wittke

Fischer
Taschenbuch
Verlag

Lektorat: Walter H. Pehle

Für mannigfache Hilfe danken wir Erika Schlüter,
Gernot Sittner und Peter Sartorius.

Originalausgabe
Fischer Taschenbuch Verlag
März 1981
Umschlagentwurf: Jan Buchholz/Reni Hinsch
Foto: Manja Karmon-Klein
Fischer Taschenbuch Verlag GmbH, Frankfurt am Main

Satz: Otto Gutfreund & Sohn, Darmstadt
Druck und Bindung: Clausen & Bosse, Leck
Printed in Germany
780-ISBN-3-596-24230-4

Inhalt

Der Kumpel
oder
Wenn ich tauschen sollte, tät' ich es nicht

Bemerkungen von Willi Wittke*

Immer, wenn Not am Mann war, wenn Krieg war, dann war der Arbeiter der treueste Sohn des Volkes. War der Krieg zu Ende, war er auch noch der treueste Sohn des Volkes. Überall war große Kohlennot, der Kumpel mußte das wieder schaffen, damit Deutschland auf die Beine kam. Aber sobald eine Krise eintrat, irgendwie Absatzmangel – ob das jetzt von oben runterkam, ob das wirklich so gestimmt hat, ob das gemacht war, weiß ich nicht – aber dann wurde der Kumpel wieder an die Seite geschoben. Und heute, wo se 'n wieder brauchen, Ölkrise und so weiter, da wird der Kumpel wieder treuester Sohn.
Es ging immer bergauf und bergab. Nach dem Krieg, da kam das schöne Lied »Überall herrscht große Kohlennot, selbst im Himmel leidet man noch Not«. Da war der Kumpel obenauf. Dann kam der Einmarsch von dem Franzosen, und da hat der Kumpel gesagt: »Alle Räder stehen still, wenn dein starker Arm es will.« Damit der Franzose keine Kohlen bekam, haben wir passiven Widerstand gemacht und haben keine Kohlen geschickt; und der Franzose ist nachher wieder abgezogen. Danach kam die Aussperrung, um den Sieben-Stunden-Tag wieder abzuschaffen. Haben den Kumpel an die Seite gedrückt und die Folge war, der Kumpel mußte wieder unter Tage acht Stunden, achteinhalbe arbeiten und über Tage zwölf Stunden. Das wurde dann so um '27 abgeschafft, da hat man den Kumpel gebraucht. Da haben wir feste Kohlen geschickt – in England war der große Bergarbeiterstreik. Meiner Ansicht nach haben wir das verkehrt gemacht, wir sind praktisch da dem Kumpel in England in den Rücken gefallen.

* Willi Wittke, 76 Jahre alt. Bergmann auf Zeche »Osterfeld« von 1921–1931, auf Zeche »Concordia« von 1931–1937, auf Zeche »Osterfeld« von 1937–1965. Bewohner der Arbeitersiedlung Eisenheim. Tonbandprotokoll.

Willi Wittke, 76, Bergmann: Ungerecht war das damals immer

Ja, und dann kam in der ganzen Welt wieder die Arbeitslosigkeit, Absatzkrise und so weiter, der Kumpel wurde auf die Straße geschmissen. Als der Hitler rankam, wurde der Kumpel wieder gebraucht. Ab '39 mußte man Panzerschichten machen, Neun-Stunden-Schicht wurde eingeführt, um Deutschland groß zu machen. War doch damals so: Adolf Hitler wollte Deutschland groß machen. Und da haben die den Kumpel doch gebraucht. Das Ruhrgebiet war Waffenschmiede, die Kohlen waren da, der Stahl war da, die Werke waren da. Wie alles in Trümmer lag, brauchten se den Kumpel wieder. War ja nur der Kumpel, der arbeiten konnte – was war denn noch da? Der einzige Rohstoff, den wir hatten, war doch die Kohle. Da haben die den Kumpel wieder gebraucht. Der hat alles aufgebaut. Da war er wieder der brave Mann.
Ich glaub '64, da war wieder eine Krise, Absatzkrise. Da sind wir denn nach Bonn marschiert, mit schwarzen Fahnen, unter Führung der Gewerkschaft. Von Köln aus mit den Schiffen hingefahrn. Durch die Sperrzone kamen wir nicht. Mußten wir Trab zurücklaufen, damit wir überhaupt die Schiffe wieder mitkriegten. Naja, wie das dann mit dem Öl florierte, brauchten se den Kumpel auch nicht. Da ging es wieder mit dem Kumpel bergab. Jetzt geht es wieder bergauf, ist der Kumpel wieder da. Kumpel hat wieder Arbeit, feste Arbeit.
Hat sich doch sehr viel verändert gegen früher. Darf ich gar nicht erzählen, wie es uns gegangen ist; wir haben's dreckige Zeug mit nach Hause geschleppt, die Frau sah aus wie'n Kohlenhaufen, wenn se's gewaschen hat, schwatt wie so'n Neger, ja, so war's. Heute kriegen sie alle 's Zeug gewaschen, kriegen auch Arbeitszeug gestellt, kriegen Seife, Schuhe und so weiter, und haben auch 'n anständigen Lohn. Wir früher, wir haben praktisch auf 'n Lohntag gewartet, da gab es jede zehn Tage Geld. Mal gab es für sieben Schichten Abschlag oder für acht Schichten Abschlag – wenn's mal neun gab, war'n se König. So ist das bergauf und bergab mit dem Kumpel gegangen.
Ungerecht war das damals immer. Ob das jetzt der Bergmann war oder 'n Hüttenarbeiter oder irgendeiner, der mit der Schüppe auf der Straße gearbeitet hat – war immer ungerecht, daß der so wenig Geld verdient hat, daß er gerade Essen, Trinken und Kleidung hatte. Alles andere konnt' der sich gar nicht leisten damals. War für meine Begriffe nicht richtig, die Verteilung des

erarbeiteten Vermögens. Das war ungerecht. Der Kumpel hat zuwenig verdient, sagen wir mal, weil die Arbeit körperlich schwer war und weil – wenn der ja nicht gewesen wäre, wie wär' das denn bergauf gegangen, nach dem Weltkrieg, wie alles in Trümmer lag? Da war doch das einzige noch die Kohle. War doch das einzige – was hatten se denn noch?
Heute hat sich das verändert, aber die Arbeit ist immer noch schwer. Also, wie ich anfing, ich bin '19 aus der Schule gekommen und hab '21 die erste Schicht unter Tage gemacht – da haben wir noch mit der Hacke gearbeitet, und dann kamen die kleinen Abbauhämmer, die Lufthämmer, weiß ich ganz genau, die kleinen. Dann kamen die größeren, und die ersten Streben und die ersten Rutschen wurden eingeführt. Erst mal die kleinen, drei Meter lang, dann wurden sie vier Meter. Und die Brocken wurden immer schwerer – der Kumpel hatte durch die Technik eigentlich keine Erleichterung. Im Gegenteil: mußte immer schwer arbeiten. Und heute? Muß er auch noch schwer arbeiten.
Aber wenn man mal 'n paar Jahre unter Tage war, fällt es einem verdammt schwer, über Tage zu arbeiten. Ich mein: Unter Tage ist schwer arbeiten, aber es steht keiner hinter einem. Man muß schuften wie'n Affe, aber es ist keiner da, der einem auf'n Pelz guckt. Und das könnt' ich nie vertragen. Ich hätt' nicht auf der Straße arbeiten können, wenn da ein Vorarbeiter ständ' und mir auf die Schüppe gucken würde. Ich glaub, dann dreh' ich durch. Ich weiß nicht, ob das jedem so geht, aber mir persönlich geht das so.
Aufhören – das ist ein Gefühl, das kann man gar nicht schildern. Wenn man jetzt so'n alter Kumpel ist wie ich – die letzten Jahre hab ich es ja nicht mehr so schwer gehabt, ich kannte den Pütt, und ich hab' 'ne Beschäftigung gehabt, die ich gut machen konnte; die Ausländer, die hatt' ich dann bei mir zum Anlernen und so weiter. Man freut sich jahrelang auf die Pensionierung, und wenn der Tag kommt, wo man gehen muß, dann hat man 'n komisch' Gefühl. Also, da kann man sagen, wie man will – ich bin die ersten Tage, wenn wir mal nach Osterfeld gingen, mit Frau mal so zum Markt, nicht an der Zeche vorbeigegangen. Ich hab' gesagt, wir gehn 'nen andern Weg, ich will die Zeche nicht sehn. Das is 'n komisch' Gefühl auf einmal so, wenn man plötzlich weg ist.

Über 40 Jahre hab' ich auf Zeche gearbeitet. '31 bin ich von »Osterfeld« weggegangen nach »Concordia«. Da hab' ich sieben Jahre gearbeitet. Ich hab' unterbrochen, ich war nicht treu, sagen wir mal. Aber weil ich hier Zechenwohnung hatte, da haben die immer geschrieben, ich müßte wieder in Osterfeld anfangen. Das ist damals anders gewesen wie heute. Die Wohnungen waren so quasi mit dem Arbeitsplatz verbunden. Ich wär' lieber damals dageblieben auf »Concordia«. Da war gute Kameradschaft, ich hab' mich gut verstanden mit de Kumpels. Ja, und dann bin ich hiergeblieben – von '37 bis 24. Januar 1965. Da war die letzte Schicht. Also, ich hab' Weihnachten aufgehört, aber es ging mein Urlaub noch bis da.
Ich hab' ja noch 'n Jungen auf Zeche »Osterfeld«. Ich unterhalt' mich sehr viel über die Zeche. Mich interessiert das auch noch, was da passiert und wie das läuft. Mein Sohn, der ist auch schon 32 Jahre auf »Osterfeld«; und dann sprechen wir schon mal drüber. Und wenn ich das so seh' da, ich freu mich, wenn die Räder sich noch drehen. Ist immer besser, als wenn alles still steht.
Man kann wohl sagen, daß die Kumpels sich verstanden haben. Wir haben dieselbe schwere Arbeit gehabt, dasselbe Los. Ob der jetzt deutsch war oder polnisch. Sicher, die Sprachschwierigkeiten anfangs, aber man hat ja mit den Kumpels zusammengearbeitet. Und ich muß sagen: Zu der Zeit, da haben die Leute sich verstanden. Vor allen Dingen: Man hat dasselbe Los gehabt. Man hat auch mal zusammen ein' getrunken, hat auch ma'n Skat gemacht zusammen. Wir haben zusammen gearbeitet, wir haben denselben Lohn gehabt. Im großen und ganzen: Es war 'ne gute Kameradschaft.
Auch da jetzt unten, wenn da vier Kumpels zusammen sind, der eine kommt von da, der andere von da – wer is denn im Ruhrgebiet, der wirklich von Ureltern hier gewesen ist, wer ist das denn? Die Menschen im Ruhrgebiet, die haben sich doch erst zusammengelebt. Ist doch nicht so wie auf'm Land, da so 'n Bauernhof, wo sie seit ururur zusammen sind, wo keiner reingezogen ist. Wie hier die Industrialisierung losging, da sind die alle gekommen, da haben sie alle geholt, genau wie sie heute die Ausländer geholt haben – war dasselbe. Wir müssen doch heute auch mit Ausländern leben. Wenn die mal zehn Jahre hier sind oder zwanzig, dann sind die auch verschmolzen mit uns.
Ich hab' Kumpels gehabt, die so alt sind wie ich, so ungefähr. Wie

die aufgehört haben, da kann ich zwei Namen nennen, drei kann ich nennen. Der eine mit der Frau nach 'm Sauerland gefahrn, schöne Luft jetzt – ist wieder hier, ist wieder hier. Wieder zurückgekomm', ne! Der andere ist auch weggefahrn, der Schulz, ist auch wiedergekomm'. Der Dritte ist nach 'm Rhein gefahrn, da nach Honnef, wollte auch schöne Luft haben und alles. Aber auf einmal, ja, die Frau, die könnt' die Luft da nicht vertragen. Mußten se wieder nach hierhin kommen. Also muß das Ruhrgebiet doch wohl irgendwie etwas haben. Vielleicht brauchen se die Luft hier, weiß man nicht. Vielleicht sind hier Vitamine drin oder wie oder was. Weiß man nicht. Kann doch sein.

Auf jeden Fall sind se wiedergekommen. Die haben es versucht – also pensioniert, jetzt, sagt die Frau, jetzt fahrn wir weg, jetzt haben wir gute Rente, wir bleiben, wo gute Luft ist. Sind alle wieder hier. Und so geht das vielen. Die können sich gar nicht mehr woanders wohl fühlen. Ich bin ja jetzt auch weit 'rumgekommen, und überall ist es schöner. Also die Gegend, da kann das Ruhrgebiet ja nicht dran tippen. Wenn man durch'n Harz fährt, die schöne Luft da und alles, aber trotzdem – wenn ich tauschen sollte, tät' ich es nicht. Ich tät' hierbleiben.

Die Wandlung

oder

Das Revier wird aufgeforstet

Der Emscher-Schnellweg ist eine Art Autobahn quer durch das Ruhrgebiet. Er ist vierzig Kilometer lang und verbindet die Städte Oberhausen und Castrop-Rauxel. Der Emscher-Schnellweg ist aber auch eine Fernstraße durch die Geschichte dieser Region, eine Panorama-Route für Konjunktur und Krisen. Der Niedergang der Kohle in den Sechzigerjahren wurde sichtbar, als sich links und rechts dieser Strecke die Förderturm-Plantagen immer mehr lichteten. Heute zieht sich der Emscher-Schnellweg durch riesige Koksgebirge – schwarze Symbole der andauernden Stahlflaute.

Wer den Emscher-Schnellweg fährt, gewinnt einen Eindruck von dieser eigenartigen Region, in der so vieles nicht zusammenpaßt: Hat man eben noch die tausend Jahre alten ehrwürdigen Gemäuer der Propstei »Pankratius« passiert, erreicht man schon – in Oberhausen – den größten Verschiebebahnhof Europas. Hier Zechensiedlungen aus Krupps und Kaisers Zeiten, dort die mittelalterliche Wasserburg »Vondern« und nur ein paar Kilometer weiter die Überreste der stillgelegten Zeche »Emil Emscher«. Irrgarten Ruhrgebiet?

Drei Tage lang sind zwei Dutzend Journalisten auf Entdeckungsreise durchs Revier, eingeladen vom kommunalen Siedlungsverband Ruhrkohlenbezirk (SVR). Und der Eindruck einer Gegend voller Gegensätze und Extreme bestätigt sich jeden Tag aufs neue. Bei einem Rundflug beispielsweise taucht plötzlich im Fenster der Fokker Friendship der Essener Baldeneysee auf – hübsch anzusehen mit den weißen Segelschiffen und den Liegewiesen am Ufer. Doch dann, was sieht man klotzig und klobig mitten in der Freizeitidylle? Es sind die rotbraunen Backsteinbauten samt Förderturm einer längst ausrangierten Zeche.

Überhaupt wirken die Industrieanlagen aus 600 Meter Höhe seltsam fremd und unwirklich in der doch überwiegend grünen Land-

Freizeit im Revier:
Schwerbeschädigte
Landschaft geheilt

schaft des Ruhrgebiets. Wie staubige, feuerspeiende Dinosaurier sehen sie aus, Fossilien aus längst vergangenen Tagen. Die Impressionen aus der Vogelperspektive stimmen natürlich mit der Realität nicht überein. Noch immer ist das Ruhrgebiet die größte Industrieballung des Kontinents. Doch vermittelt der Rundflug eine vage Ahnung davon, was diese Landschaft einmal war, bevor sie von den Kohlesuchern vergewaltigt und ausgebeutet wurde: Bauernheimat mit sanftgehügelten Wäldern, fruchtbarem Ackerland und ausgedehnten Weiden.

Damals, vor mehr als 150 Jahren, waren Dortmund und Duisburg, Mülheim und Essen kleine verträumte Provinznester – gewachsen um jene Kastelle, die einst Karl der Große angelegt hatte. Nach dem »schwarzen Gold« wurde hie und da zwar schon gebuddelt, doch erst nachdem 1838 ein gewisser Franz Haniel die Mergelschicht durchstoßen und den Schachtbau vorgemacht hatte, ergriff der Goldrausch das Land.

Polen und Pommern, Schlesier und Preußen strömten in Deutschlands Wilden Westen. Sie kamen, weil sie sich Haus, Gärtchen und guten Lohn versprachen; sie blieben, obwohl die Bedingungen über und unter Tage oft unmenschlich waren und obwohl dem Kumpel, wie der Dortmunder Schriftsteller Josef Reding schreibt, »von der ersten Stunde der Industrialisierung an der Lebensraum um Förderturm und Hochofen dämonisiert wurde«.

Die Städte damals, so sieht es SVR-Öffentlichkeitsarbeiter Dietrich Springorum, »wuchsen gleichsam über Nacht, Häuserbrei ergoß sich über das Land, wild, ungeplant, chaotisch«. Was Wunder, daß sich der Publizist Horst Krüger bei einer Revier-Tour erstaunt fragte: »Wieso eigentlich dieser lokale Eigensinn und kommunale Stolz der vielen Städte? Für den Fremden ist alles austauschbar, denn alles geht ineinander über. Es ist nicht auszumachen, wo eigentlich die Grenzen zwischen Herne, Gelsenkirchen, Castrop-Rauxel verlaufen.«

Alles ist ein bißchen widersinnig in diesem Gebiet, das »nie ein politisch selbständiges Gebilde, nie Königreich, Land oder Provinz mit festen Grenzen war«, so Reding, »und doch schon seit einem Jahrhundert als Einheit wirkt«. Und das, obwohl diese Region von reichlich absurden Verwaltungsgrenzen durchschnitten wird: Essen gehört noch zum Rheinland, aber die Nachbarstadt Gelsenkirchen ist bereits westfälisch. Recklinghausen wird

Idylle und Industrie:
Irrgarten Ruhrgebiet

vom Regierungspräsidium Münster aus regiert, Dortmund hingegen von einem kleinen Städtchen, das in den Wäldern des Sauerlands liegt und Arnsberg heißt.
Mindestens ebenso schwer wie an diesem kommunalen Kuddelmuddel trägt das Revier aber auch an seinem Ruf, der schlechter kaum sein könnte: Fest verankert im Bewußtsein der Deutschen ist das Bild einer schwarzen Alptraumlandschaft, wo der liebe Gott Ruß regnen und die Menschen schwarz werden läßt. »Zwischen Dortmund und Duisburg«, so beobachtete einst Heinrich Böll, »ist Weiß nur ein Traum.« Eine Landschaft, so schrieb der Autor Helmut Domke, »die ihr Unverwechselbares eingebüßt und gegen ein zernarbtes Angesicht eingetauscht hat.« Eine ideale Gegend also für einen, der auszieht, das Fürchten zu lernen?
Das Flugzeug mit der Journalistengruppe zieht gerade eine Schleife über dem südwestlichen Ruhrgebiet. Grün glitzernde Gewässer werden sichtbar. »Hier entsteht«, erläutert über Bordlautsprecher ein SVR-Mitarbeiter, »die Sechs-Seen-Platte Duisburg.« Mitten in einer fast ausschließlich von Montanindustrie geprägten und mit Freizeitanlagen stark »unterversorgten« Zone des Reviers baut die Stadt Duisburg an einem großen Sport- und Spielzentrum für die Kumpels; an vier der sechs Seen ist der Betrieb bereits eröffnet: Feierabends und wochenends wird hier gebadet, gepaddelt und geangelt.
Das Duisburger Freizeitzentrum ist Teil eines großangelegten langfristigen Freizeitkonzepts für das Ruhrgebiet. Es entstand in den Sechzigerjahren, als der Kohlenpott in seine bislang schwerste Krise geriet und immer häufiger der »Deckel auf'n Pütt« kam – wie die Kumpels die Schließung einer Zeche nennen. Hunderttausende von Arbeitsplätzen gingen verloren, und das Revier, sagt Springorum, »drohte sein eigentliches Kapital zu verlieren« – seine Menschen nämlich.
Damals entstand bei Planern und Politikern im Ruhrgebiet die Einsicht, daß die »Lebensqualität dieses schwer zersiedelten Raumes verbessert werden mußte« (so der Essener Oberbürgermeister Horst Katzor). Es galt, eine schwerbeschädigte Landschaft zu heilen, denn die »Pioniere des rheinisch-westfälischen Industriegebietes«, so der Publizist Helmuth de Haas, »hatten kaum Zeit und auch nicht viel Einbildungskraft, das Schicksal ihrer Verwertungswelt zu bedenken. Das überließen sie den Söhnen, den Enkeln.«

Das schwere Erbe fiel vor allem dem SVR zu, der 1920 nach preußischem Gesetz mit dem Hauptziel gegründet worden war, die »Siedlungstätigkeit« zwischen Hamm und der holländischen Grenze zu fördern, der nun aber vor allem »Grünpolitik« betrieb: 1600 Hektar Brachland wurden wieder aufgeforstet, die Bahnböschungen an den Hauptreisezugstrecken wurden mit Bäumen und Sträuchern bepflanzt, jüngst kam der zweimillionste Setzling in die Erde. Bergehalden, jene Gebirge aus den beim Kohleabbau anfallenden Gesteinsbrocken, wurden mit Bäumen und Sträuchern bepflanzt, es grünt und blüht wieder in der als Ruß-Land verspotteten Region.
Zwar kann diese Gegend nie wieder in die alte Idylle zurückverwandelt werden, aber frappierend ist es doch, wenn man von Burg »Blankenstein« bei Hattingen ins Ruhrtal blickt, wo heute nichts mehr daran erinnert, daß hier vor 150 Jahren die Buddelei nach Kohle begann. Auf dem Fluß, wo einst die Schleppkähne tuckerten, legen sich nun Ruderer in die Riemen, auf den Wiesen am Ufer aalen sich die Leute in der Sonne.
Wann immer in den letzten Jahren eine Schachtanlage stillgelegt wurde, machten sich die SVR-Experten an die Rekultivierungsarbeit – so auch 1967, als in Gelsenkirchen die Zeche »Graf Bismarck« geschlossen wurde. Was seinerzeit als industrielle Wüstenei liegengeblieben war, ist heute ein fast malerisches Wald- und Wiesengebiet mit Wanderwegen und Trimmpfaden – beliebtes Ausflugsziel Gelsenkirchener Bürger. Manche der Älteren, die dort spazierengehen, werden noch wissen, daß auf dem heute grünbewachsenen Damm einst Schienen lagen: für die Zechenbahn von »Graf Bismarck«.
»Zwei Drittel des Ruhrgebiets sind grün«, bilanziert man heute beim SVR, der auch alten, von der Industrie noch unberührten Waldbestand zäh verteidigt. Denn auf der Existenz großflächiger Grüngebiete basiert eben jener Freizeit-Plan, der vor allem vom SVR initiiert wurde. Kern dieses Konzepts sind fünf sogenannte Revierparks, von denen drei bereits fertig und in Betrieb sind.
Diese Anlagen mit Frei- und Wellenbad, Geselligkeitsbereichen und Ruhezonen kommen an bei den Kumpels und ihren Kindern. Ob sie Tischtennis, Basketball oder Schach spielen möchten, ob sie in der Sauna schwitzen, im Solarium bräunen oder einfach nur auf der Wiese dösen möchten – man kann wählen, was man will, und gezahlt werden muß nur im Fitness- und im Badebereich.

Hobbymusiker und Amateurfilmer, Bastler- und Laienspiel-Gruppen treffen sich in den Revierparks, welche die frühere Bundesgesundheitsministerin Katharina Focke zu den »wenigen gelungenen Planungen für die Freizeit« zählte.
Das Lob spornt an: Überall im Ruhrrevier entstehen jetzt Sport- und Spielzonen, werden Baggerlöcher ausgekiest und zu Bade- und Segelseen umfunktioniert. Das Land, die Städte und der SVR lassen sich den Auslauf der Kumpel Millionen kosten. Und womöglich stimmt tatsächlich, was unlängst bei einer Tagung der Präsidenten der Industrie- und Handelskammern des Reviers als vorsichtige Vermutung formuliert wurde – daß nämlich die neuen Freizeitanlagen dazu beitragen, »daß viele Facharbeiter jetzt an der Ruhr bleiben und nicht mehr abwandern«.

(geschrieben im Juni 1977)

Der Hochofen

oder

Schotter in der Tasche, Schwefel in der Lunge

13.40 Uhr. 20 Minuten vor Schichtbeginn. Heinz Lengemann steigt die Stufen von der Waschkaue hinunter, überquert den Platz und geht in Richtung Gießhalle. Treppe hoch, schmaler Gang – »alles klar, Kurt?« Oberschmelzer Kurt nickt und macht sich auf den Weg, den Oberschmelzer Lengemann gerade gekommen ist. Schichtwechsel. Lengemann guckt sich um: Hassan Aktepe, der zweite Schmelzer, ist schon da, den redet er mit dem Vornamen an. Bei Sitki Ergani, Arap Ilci und Ahmet Tuncer, die jetzt gerade kommen, ist das anders – »da sag' ich Ali für«. Tuncer ist dritter Schmelzer, Ilci und Ergani kommen in der Hierarchie dieser Schichtmannschaft an letzter Stelle: vierte Schmelzer. Die Türken sind hier am Ofen 1 der Krupp-Hüttenwerke in Duisburg-Rheinhausen in der Überzahl. Nur Robert Hartwig, der erste Schmelzer, ist Duisburger wie Lengemann.

14.20 Uhr. »So eine Sauerei!« Lengemann stellt das ganz sachlich fest, als er die Eisenkruste sieht, die sich in der Roheisen-Rinne festgesetzt hat. Die Roheisenrinne zählt zu einem Komplex kleiner Kanäle, die den gepflasterten Boden der Gießbühne durchziehen und eine Art Ablaufsystem darstellen: Nach jedem Hochofen-Abstich nehmen sie Roheisen und Schlacke auf und leiten das glühend heiße Zeug zu den jeweils vorgesehenen Abflußlöchern, wo es sich dann durch Trichter in spezielle Eisenbahnbehälter ergießt, die eine Etage tiefer auf dem sogenannten Hüttenflur stehen. An diesen kleinen, künstlichen Flüssen, deren Teer-Betten alle paar Tage erneuert und deren Ufer nach jedem Abstich mit Sand wieder befestigt werden müssen, arbeitet die Hochofenmannschaft. Jeder an seinem Platz – Hartwig und Tuncer an der Abstichrinne. Ilci und Ergani an den beiden Schlackenrinnen und Hassan an der Roheisenrinne, dort, wo jetzt erkaltete Reste des letzten Durchlaufs einem glatten Fluß im Wege sind.

Arbeit am Hochofen:
'n bisken Schiß, wo
ich dat glühende Zeug
da laufen sah

Erster Schmelzer Hartwig: Zur Oper »Der Wildschütz« in die Duisburger Stadthalle

Mit langen Brechstangen versuchen sie, die Rinne wieder freizubekommen – Hassan, ein kleiner Rundlicher, der vor 15 Jahren von einem kleinen landwirtschaftlichen Betrieb bei Ankara an den Kruppschen Riesenkochtopf kam; Heinz Lengemann, ein großer Stämmiger, der damals nach der Schule von seinem Vater zu hören bekam: »Wenn du innen Pütt gehst, hau ich dich tot.« Also wurde er nicht Bergmann, sondern Klempner. Aber mit dem Verdienst, das war nicht so doll, nur 35 Mark die Woche – »die Kollegen vonne Hütte« hingegen, die hatten »immer schwer Schotter inner Tasche«. Und da ist er dann auch eines Tages »nache Hütte hin«, empfand zwar anfangs »'n bißken Schiß, wo ich dat glühende Zeug da laufen sah«, dachte auch: »Hier wirste nicht alt« – aber jetzt ist er doch schon 24 Jahre dabei und hat als gewerkschaftlich organisierter Stahlarbeiter stets mitgekämpft für die Verringerung der Wochenarbeitszeit. Als er 1956 anfing, waren es 48, heute sind es 39 Stunden. Unter dem Hebeldruck der beiden Brechstangen gibt der Eisenbrocken nach und läßt sich mit Hilfe eines Krans aus der Rinne lösen. »Mein lieber Kokoschinsky«, ächzt Lengemann und reckt sich, »früher, da hatten wir keinen Kran, da ging das alles mit der Hand.«
15.20 Uhr. Aus dem grauen Gewirr von Rohren und Leitungen an der Hochofenwand löst sich ein längliches Ungetüm, das, mit zwei dicken Metallstangen voraus, langsam auf das verschlossene Stichloch zuschwenkt – jene Stelle, die nun für den Abstich aufgebohrt werden soll. Der Mann, der den Vorgang steuert, steht in einem kleinen Leitstand, den Blick durch ein Fenster auf die Bahn der Bohrmaschine gerichtet, die rechte Hand an einem Hebel: Es ist der erste Schmelzer Hartwig, ein 47jähriger hagerer, langer Mann mit einem freundlichen Gesicht, der hier oben schon länger malocht als Tuncer, Ergani und Ilci zusammen – 25 Jahre, mehr als die Hälfte seines Lebens. Demnächst ist Jubiläumsfeier. Dann kriegt er ein Monatsgehalt extra, kann zwischen einer Armbanduhr und einem Bierkrug aus Edelstahl wählen und darf mit all den anderen Jubilaren zur Oper »Der Wildschütz« in die Duisburger Stadthalle.
Es wird dies die Belohnung für ein Vierteljahrhundert Treue zu einer Arbeit sein, deren Rhythmus seit langem Angelpunkt gewerkschaftlicher Forderungen, Gegenstand zahlloser medizinischer Untersuchungen und Grund für chronischen Nachwuchsmangel in den Stahlwerken ist. Das Stichwort lautet: Konti-

Arbeit. Konti – das ist die Abkürzung für den kontinuierlichen Drei-Schichten-Rhythmus rund um die Uhr. Weil der Hochofen ununterbrochen in Betrieb ist, die sogenannte Ofenreise oft erst nach Jahren für einen Überholungstermin gestoppt wird, kann es auch bei der Bedienung keine Pausen geben. Für Hartwig, Hassan und die anderen bedeutet das einen von ständigem Wechsel geprägten Vier-Wochen-Zyklus: sieben Tage Frühschicht von 6 bis 14 Uhr – drei freie Tage – sieben Tage Spätschicht von 14 bis 22 Uhr – zwei Tage frei – sieben Tage Nachtschicht von 22 bis 6 Uhr – zwei Tage frei. Und danach das Ganze wieder von vorne.
Ob Sonn- oder Feiertag, Weihnachts- oder Osterfest – in einem Konti-Betrieb kann darauf keine Rücksicht genommen werden. Nicht der Kalender bestimmt das Leben, sondern die Schicht-Einteilung. In Lengemanns Mannschaft haben sie an allen drei Weihnachtstagen von 14 bis 22 Uhr malochen müssen. Nächstes Jahr – das hat sich Hartwig schon ausgerechnet – wird er an Silvester Nachtschicht haben. Abstich, wenn die Neujahrs-Raketen steigen. Aber selbst, wenn Feiertag und Freischicht mal zusammenfallen – die grundsätzlichen Probleme werden dadurch nicht einfacher, und die Schwierigkeiten des Ehepaars Lengemann bei der Gestaltung der Freizeit, beispielsweise an einem Sonntag, keineswegs geringer.
Hat der Heinz Frühschicht, dann bedeutet das: 4.15 Uhr aufstehen, 14.30 Uhr nach Hause kommen, Mittagsschlaf. Was bleibt, sind der Spätnachmittag und der Abend – »aber was können wir da schon noch groß unternehmen, wenn ich weiß, daß um 4.15 Uhr der Wecker klingelt?« fragt Heinz Lengemann. Hat er Spätschicht, ist er von 13 Uhr bis 22.30 Uhr aus dem Haus – »da ist der Tag sowieso kaputt«, weiß Gisela Lengemann. Und die dritte Möglichkeit, Nachtschicht, die schließt einen gemütlichen, schönen Sonntag von vornherein aus. Denn da kommt der Heinz müde und kaputt um halb sieben Uhr morgens nach Hause, legt sich ins Bett, schläft aber nur ein paar Stunden, steht wieder auf, ist gereizt und nervös, reagiert überempfindlich auf die kleinsten Kleinigkeiten, fängt Streit an, weiß, daß er um 9 Uhr abends schon wieder raus muß. »Sonntags, da sind wir manchmal ganz schön sauer«, sagt Frau Lengemann.
Muß man sich da noch wundern, daß die Lengemanns – obwohl sie doch so gerne tanzt – schon »seit Ewigkeiten« nicht mehr aus-

gegangen sind? Daß sie »seit 20 Jahren nicht mehr im Kino« und noch nie in der vor vier Jahren erbauten Rheinhausener Stadthalle waren, obwohl es da schon manche Veranstaltung gegeben hat, die Heinz Lengemann gerne gesehen hätte? Hat er Spätschicht, muß sich seine Frau am Samstag die Sportschau ansehen, damit sie ihm abends gleich berichten kann, wie Schalke gespielt und wer die Tore geschossen hat. Aber der viertägige Freizeitblock einmal im Monat – ist der denn nicht eine Entschädigung? Die Antwort kommt zögernd: Schön sei das schon, vier Tage »am Stück«, aber meistens mache man eben doch den gleichen Fehler, daß man sich zuviel vornehme, alles nachzuholen versuche und am Ende gar nicht so recht wisse, ob das denn nun »Freizeit« gewesen sei.
Lengemann ist freilich nicht der Typ, der darüber nun jammern und klagen würde. Er sagt: »Da muß man durch.« Und Hartwig, der Jubilar, dessen Vater und Großvater schon den Großteil ihres Lebens in der Hütte geschuftet haben, steht – Hand am Hebel, Blick auf die Bohrmaschine – im Leitstand und formuliert so: »Wechselschicht – das ist nun mal unser Schicksal, unser Los.«
Die Bohrmaschine hat die Stichlochkapelle jetzt erreicht, der armdicke Bohrer dringt in das mit einer Spezialmasse zugestopfte Ofenloch, ein lautes, schrilles Geräusch erfüllt die Halle, und dann plötzlich bricht der Vulkan aus: Rauch, Funkenregen, ein Zischen, Knallen und Dampfen, und dazwischen ein rotglühender Sturzbach, der mit einer Temperatur von 1478 Grad aus dem Ofenloch kommt, die Abstichrinne füllt und sich dort in einen Schlacken- und einen Roheisenfluß verzweigt.
Weil der Sand, mit dem die Rinnen ausgebettet wurden, noch feucht ist, kommt es zu einer ganzen Serie kleiner Explosionen, die einen Eindruck geben von den Gewalten, die sich hier manchmal Bahn brechen. Die dem Bohrloch gegenüberliegende Wand hat schon öfter mal was abbekommen, wie überhaupt die Arbeit am Fuß des Vulkans alles andere als ungefährlich ist. Man braucht gar nicht die Geschichte von den zwei Arbeitern zu erzählen, die vor Jahren einmal von einem Schwall flüssiger Lava getroffen wurden, man braucht bloß zuzusehen, wie Hassan zwischen den glühenden Strömen hin- und herläuft, um die Gefahren zu begreifen. Ein Fehltritt kann tödlich sein.
Bis auf Lengemann (der aus der Distanz die Oberaufsicht führt) tragen jetzt alle Schmelzer silbrige Asbestmäntel, dunkle Brillen

und Schutznetze, die sie wie einst die alten Ritter, Visieren gleich, vor das Gesicht gezogen haben. In das kriegerische Bild passen auch die an Speere erinnernden langen Eisenstangen, mit denen jeder am Rand seiner Rinne patrouilliert, um auf gleichmäßigen Fluß und darauf zu achten, daß die Schleusen rechtzeitig geöffnet, die Ströme nicht zu spät zum nächsten Abflußloch umdirigiert werden. An der Roheisenrinne hilft dabei eine elektronische Anzeige, welche die Menge des eingefüllten Materials mitzählt und etwa eine Minute vor Erreichen des Maximums einen Sirenenton und damit das Signal zum Umleiten auslöst. An der Schlackenrinne hingegen müssen Ilci und Ergani durch einen Gitterrost nach unten gucken und die Lage peilen – mitten in den dick aufquellenden, schwefelhaltigen Dämpfen.
Diese beißenden, Lunge und Bronchien quälenden Dämpfe vor allem sind es, die das Arbeiten hier so schwer machen – vor allem dann, wenn Ostwind durch die nach den Seiten offene Gießhalle weht und das schweflige Gemisch über das ganze Rinnensystem verteilt. »Manchmal ist das ganz schlimm«, sagt Hartwig, »da hat man das Gefühl, als ob einer einem mit 'nem Knebel den Hals zudreht.« Zwar hat jeder eine Staubmaske zur Verfügung, aber dennoch sagt der Oberschmelzer von der Parallelschicht (die auf der anderen Seite des Ofens arbeitet): »Wer hier zwanzig Jahr um hat, der hat die Bronchien kaputt – aber hundertprozentig.« Er selber hat 23 Jahre um. Wegen der Gefahr von Bleierkrankungen müßten die Arbeiter am Hochofen normalerweise alle drei Monate zu einer ärztlichen Untersuchung, aber einer von ihnen sagt: »In der Regel gehen wir gar nicht zum Arzt. Wir wollen gar nicht wissen, wie krank wir sind.«

Um 16 Uhr – 40 Minuten nach Abstichbeginn – wird der Strahl, der aus dem Ofenloch schießt, dünner, um 16.05 schwenkt wieder so ein Ungetüm vor das Stichloch – diesmal nicht die Bohr-, sondern die Stopfmaschine, die, im Aussehen einer Kanone ähnlich, mit hydraulischem Druck und 100 Kilogramm Stopfmasse die Ofenöffnung wieder verschließt. Statt Hitze nun wieder Kälte, die an diesem frostigen Wintertag eisig von draußen hereinkriecht – ein plötzlicher Klimawechsel, von dem freilich die vier Türken wenig merken. Sie müssen nämlich jetzt die noch unangenehm viel Hitze ausstrahlenden Rinnen mit neuem Sand für den nächsten Abstich präparieren. »Dat ist ne Scheißarbeit«,

Stahlarbeiter Lengemann, Frau: Sonntags, da sind wir manchmal ganz schön sauer

sagt Lengemann mit Blick auf die schwitzenden Männer, »echt beschissen – mein lieber Kokoschinsky.« Er hat's besser. Er muß jetzt die während des Abstichs entnommenen Schlacken- und Eisenproben mit der Rohrpost ins Labor schicken und auf einer Tafel notieren, was dieser Abstich gebracht hat: 330 Tonnen Roheisen und zwei volle Schlackenbehälter.

18 Uhr. Zum zweitenmal ist der Ofen geöffnet, geleert und wieder verschlossen worden. Kaffeepause. Ein kahler Raum, Neonröhren, Metallboxen, drei Tische. An den einen setzt sich Lengemann, an den zweiten Hartwig, um den dritten versammeln sich Ilci, Ergani, Tuncer und Hassan. Die beiden Deutschen kauen lustlos an ihren Broten. Die Türken bereiten sich eine Mahlzeit zu. Tuncer brüht Tee auf, Ilci schneidet Pampelmusen. Ergani macht Hammelfleisch in Alufolie über der noch heißen Roheisenrinne warm. Einem bei den Erztransportbändern arbeitenden Kollegen, der gerade reinkommt, bieten sie einen Platz an ihrem Tisch und von ihrem Essen an. Er nimmt an. Hartwig und Lengemann, ebenfalls zuvor aufgefordert mitzuessen, hatten abgelehnt.
Der Verlauf des Essens und die Tischordnung machen klar, daß die Schichtmannschaft im Grunde genommen aus drei Gruppen besteht. Da sind die beiden Deutschen, die auch am meisten verdienen (Hartwig kommt alles in allem netto auf 1900 Mark, Lengemann auf 2000). Da ist Hassan, der eine Art seltsamen Zwischenstatus hat und dies auch demonstriert, indem er – bewußt? unbewußt? – seinen Stuhl etwas vom Türkentisch weg und zu Hartwigs Tisch hinschiebt: Als 2. Schmelzer mit einem Verdienst von 1800 Mark gehört er eigentlich zur Spitzengruppe, als Türke jedoch orientiert er sich zu seinen drei Landsleuten, die in der Hierarchie die Schlußlichter darstellen.
Diese drei, die zwischen 1700 und 1800 Mark verdienen, sind nicht nur hier am Arbeitsplatz, sondern auch in der Freizeit eine Gruppe für sich. Freitags beispielsweise fahren sie gemeinsam nach Duisburg-Friemersheim, wo man einen ehemaligen Bunker zu einer Moschee umgestaltet hat. Lengemann sagt »Gebetsschuppen« dazu. Die drei wohnen auch nicht weit voneinander – Tuncer lebt mit Frau und fünf Kindern in einem Zweizimmerdachgeschoß. Als die Rede darauf kommt, mischt sich Lengemann mit erhobener Stimme ein: »Was wollt ihr denn«, ruft er,

»ihr könntet ja größere Wohnungen haben, die wollt ihr aber nicht, weil ihr dann mehr löhnen müßt.«

21.20 Uhr. Zum dritten und letztenmal ist der Ofen in dieser Schicht geleert worden – dieser gewaltige Vielfraß, der alle zehn Minuten 19000 Kilogramm Koks, 64600 Kilogramm Erz und jeweils 300 Kilogramm Kies und Mangan schluckt, und das alles rund fünfzigmal pro Schicht. Noch einmal werden die heißen Rinnen mit Sand ausgebettet, noch einmal die Abstichproben ins Labor geschossen und die Roheisen- und Schlackenmengen auf der Tafel eingetragen. Insgesamt hat Lengemanns Mannschaft in dieser Schicht 1174 Tonnen Roheisen erschmolzen. Und dann stehen sie auch schon, auf die Nachfolger wartend, in kleinen Gruppen da, hier die Deutschen, dort die Türken – kräftige Männer, zu denen die zierlich kleinen Aktentaschen so gar nicht passen wollen. Um 21.45 Uhr kommen die Nachtschichtler, die Lengemänner gehen. »Nabend«, »nabend«, »tschüs, Willi«, »nu aba ma hopphopp«.
Lengemann hat es eilig, in die Waschkaue zu kommen, zu den beiden grünen Blechkästen mit der Aufschrift »Lengemann, Heinrich« und der laufenden Nummer 266 – der eine für die schmutzige, der andere für die saubere Wäsche. Jede zweite Box hier trägt einen türkischen Namen – Ekrem Oezkurt neben Alfred Kottke, Abdulla Cakir neben Hans-Jürgen Kruszinski. Ohne die Türken, die im Hochofenbereich die Hälfte der Belegschaft stellen, müßte die Hütte dichtmachen. Während sich Lengemann zum Duschen auszieht, hört man aus einer Ecke der Kaue zwei Arbeiter über Urlaub reden. »Wie ich da auf der Alm oben war«, sagt die eine Stimme, »da denk ich mir: Wie hat der Mann da bloß die Kühe hochgekriegt?« »Jau«, sagt die andere Stimme, »dat hab' ich auch gedacht, aber echt.«

22.20 Uhr. Lengemann hat Staub und Dreck abgespült, hat sich umgezogen und die Metallbox verschlossen. Er spricht jetzt auch über Urlaub. Nach Inzell wird er mit seiner Frau fahren. Da hat es ihm das letzte Mal so gut gefallen. Das Datum für die Reise weiß er schon. Wechselschichtler bekommen ihren Urlaub bereits zu Beginn des Jahres zugeteilt. Lengemann steigt die Stufen von der Waschkaue hinunter, durchquert das Werksgelände, geht zu Fuß nach Hause. Er hat es nicht weit. Ein Auto, sagt er, kann er sich nicht leisten – »is doch auch 'n Luxus, wenn man so nah am Werk wohnt«. Als seine Wohnung in Sicht kommt, sagt er plötzlich: »Meine Frau, die könnt' sich doch gut 'nen Hausfreund halten – dürfte nur nicht die gleiche Schicht haben.« Das war ein bißchen witzig, aber auch ein bißchen ernst gemeint.

(geschrieben im Januar 1980)

Die Zeche

oder

Wenn der Deckel auf'n Pütt kommt

Der Kauenwärter auf Zeche »Waltrop« hat alles gut vorbereitet. Auf dem Schemel in der Waschkaue liegen eine blaugraue, verwaschene Unterhose, ein gleichfarbiges Schweißhemd, eine Hose und eine Jacke aus reißfestem Stoff, ein blauweiß gestreifter Kittel, wollene Socken, ein Halstuch, Handschuhe und ein weißer Plastikhelm. Davor steht ein Paar rußschwarzer halbhoher Lederschuhe, vorne verstärkt mit einer Metallkappe. »Schienbeinschützer nicht vergessen«, ruft jemand aus der Nachbarkaue. Ich greife mir die weißen Plastikschoner, die etwas an die Montur eines Eishockey-Torwarts erinnern, und zurre sie mit Gummiriemen vor den Schienbeinen fest.
In der Lampenstube, wo die Grubenleuchten der Bergleute in Metallregalen aufgereiht liegen, bekommen wir unser Licht und einen Kohlenmonoxidfilter – für den Fall eines Gasunglücks. »Ich bin schon dreißig Jahre hier«, sagt Obersteiger Adolf Haasz, »hab ihn noch nie gebraucht.« Ein paar Minuten später sind wir im Berg, 720 Meter tief, auf der vierten Sohle. Hier endet Schacht 1. Unser Ziel ist das Flöz Mausegatt im Revier sechs, in der zehnten Abteilung, auf der zweiten Teilsohle. Rund sieben Kilometer Strecke liegen vor uns. Weil wir auf den nächsten Zug zwanzig Minuten warten müßten, nehmen wir Fahrräder. Es sind seltsame Vehikel mit vier Rollen, die auf die Bahnschienen aufgesetzt werden.
Die Belüftungsströme – »Bewetterung« nennt sie der Kumpel – kommen von hinten, so daß wir mit Rückenwind radeln können. Auf der Gegenschiene rumpeln uns Züge mit voll beladenen Förderwagen entgegen. Ab und zu ein Irrlicht im Dunkel der Strecke – die Grubenlampe eines Kumpels. »Auf!« rufen sich die Männer zu, »Auf!« Das »Glück« im Bergmannsgruß wird verschluckt. Nach ein paar Kilometern stellen wir die Räder ab, wechseln auf einen Sessellift und schweben den Förderberg hinunter zur ersten

Zeche »Waltrop« vor der Schließung: Ein unwahrscheinlicher Schock

20

Teilsohle. Der Rest ist Fußmarsch – an einem Lokschuppen vorbei, die Ortsstrecke entlang.
Die Luft ist stickig heiß. Endlich der Strebeingang, der Zugang zum Flöz. Wir sind vor Ort. Das Flöz ist so hoch, daß man fast aufrecht gehen kann. Links, wo die Kohle schon abgebaut ist, stehen hydraulische Stempel, die das Gebirge abstützen. Rechts schrammt ein gewaltiger Metallhobel, von einer schweren Kette gezogen, am Flöz entlang, dabei bricht er schwarzglänzende Kohlebrocken heraus, die auf ein Förderband krachen, automatisch mit Wasser besprüht und sogleich zur Verladestelle transportiert werden. Den Hauer mit Spitzhacke und schweißglänzendem nackten Oberkörper, wie man ihn von alten Bildern her kennt, gibt es schon lange nicht mehr. Etwa 3,60 Meter rückt der Hobel jeden Tag vor – wenn alles gut geht und keine Gesteinsbrocken im Weg sind.
Doch eben dies ist hier das Problem: Geologische Störungen erschweren die Arbeit in den Baufeldern zusehends. Steinschichten von mehr als hundert Metern Länge, »Verwürfe«, durchschneiden die Kohleflöze und behindern den Abbau in einer Weise, daß der Bergbau AG Westfalen (BAG) die Zeche »Waltrop« nicht mehr als rentabel erschien. Im Mai vergangenen Jahres verkündete sie ihren Beschluß, die Schachtanlage stillzulegen. Irgendwann im Juni wird die Zeche anfangen, einen langsamen Tod zu sterben. Nach der letzten Schicht wird man sie erst »ausrauben« (so nennt man die Bergung der Arbeitsgeräte und des Maschinenparks aus den unterirdischen Systemen), dann ihre Hohlräume mit Schutt verfüllen, bevor ganz am Ende die Betonplatte auf die Schachtöffnung, der »Deckel auf'n Pütt«, kommt.

Zeche »Waltrop« erleidet das gleiche Schicksal wie zuvor rund 120 andere Schachtanlagen im Ruhrgebiet, die seit der großen Kohlenkrise in den Sechzigerjahren schließen mußten und das Sterberegister immer länger werden ließen. Und doch ist manches anders in der 28000 Einwohner zählenden Stadt nördlich von Dortmund. Denn hier rührt die Stillegung an den zentralen Nerv des Ortes, der über Jahrzehnte ausschließlich von dieser Zeche geprägt und durch sie erst vom Dorf zur Stadt geworden ist. Mit der Schachtanlage stirbt auch ein Stück Waltrop. Ein stadtgeschichtliches Kapitel endet, das vor nunmehr 76 Jahren

mit dem Wunsch der preußischen Staatsregierung begann, eigene Zechen zu besitzen.
Auf den Ländereien zweier Bauernhöfe wurden zwei Schächte »abgeteuft«, Fördertürme und Betriebsgebäude errichtet – mit reichverzierten roten Backsteinfassaden und weißen Putzflächen dazwischen. Nicht weit davon entfernt, an der Bismarck- und Kaiserstraße, entstand die »Alte Kolonie« – eine klassische Bergmannssiedlung mit Gärten und Ställen für Ziegen, Hühner und Kaninchen. Mitten in idyllischer Landschaft, den Südausläufern des Münsterlandes, gelegen, sprach man bald von der »Zeche im Grünen«. Andere nannten sie das »Schnellboot des Ruhrbergbaus«, weil die in Waltrop geförderte Kohle der Kaiserlichen Kriegsmarine zur Stromversorgung diente. Stets hatte der Zechenbetrieb unter Krisen, Kriegen und Katastrophen zu leiden. 1909 soff die Grube ab und mußte dreieinhalb Jahre stillgelegt werden. Dann der Erste Weltkrieg, Streiks, Besetzung durch die Franzosen, passiver Widerstand, heimliche Lohnauszahlung auf der untersten Sohle, Feierschichten als Folge der Weltwirtschaftskrise, der Zweite Weltkrieg, Bomben, Besetzung durch die Engländer, Zuordnung zur »North German Coal Control Group«, Care-Pakete, Aufschwung, Kohlenkrise, schwarze Fahnen an der Ruhr, Zechensterben. Zeche »Waltrop« überlebte, obwohl ihre Stillegung dreimal schon so gut wie beschlossen war. »Es war der unbeugsame Wille der Belegschaft«, erinnert sich ein Kumpel, »den Pütt auf keinen Fall untergehen zu lassen.«
Im Mai letzten Jahres war davon nicht mehr viel übriggeblieben. Zwar gingen noch einmal 500 Waltroper auf die Straße – aber an der Spitze des Demonstrationszuges marschierten nicht die Kumpels, sondern die Stadtoberen, die sich nicht mit einem Steuerausfall von 1,2 Millionen Mark abfinden wollten. Zwar protestierten die zuständigen Wahlkreisabgeordneten – aber ihre Erklärungen klangen wie Pflichtübungen. Die Kumpels selber blieben stumm, die schwarzen Fahnen in den Kisten. Jeder versuchte für sich allein, mit der schlimmen Nachricht fertigzuwerden, die sich bereits durch Gerüchte angekündigt hatte, die aber dennoch zunächst keiner hatte glauben wollen.
Zwar wird keiner aus der 1654 Mann starken Belegschaft arbeitslos werden. »Die Maßnahme«, sagt BAG-Arbeitsdirektor Ziegler, »ist sozial voll abgefedert.« Der Großteil der Kumpels wird auf andere Schachtanlagen »verlegt«, der Rest »angepaßt«. So

sagt man heute, wenn einer vorzeitig auf Rente gesetzt wird. Aber trotzdem empfanden viele Waltroper Bergleute den Stillegungsbeschluß – so wie der Schichtsteiger Fritz Schwederski – als einen »unwahrscheinlichen Schock«. Anders nämlich als in gewöhnlichen Großbetrieben haben Bergleute eine starke Bindung an »ihren« Pütt. Schwederski sagt: »Ein Bergmann, der möchte da Invalide werden, wo er angefangen hat.«
Rational ist das kaum zu erklären. Das Gefühl spielt da ebenso mit wie der Umstand, daß Bergbau bei allem technischen Fortschritt noch immer ein »Kampf mit Naturgewalten ist«, wie Betriebsratsvorsitzender Günther Horstmann sagt. »Im Berg wirst du stärker gefordert als in jedem anderen Betrieb. Das prägt und bindet.« Wer morgens in »seinen« Pütt einfährt, kann nie sicher sein, daß er bei Schichtende auch wieder rauskommt. Trotz aller Sicherungen – Schlagwetterkatastrophen wie jetzt gerade auf Zeche »Hansa« in Dortmund-Huckarde sind immer möglich. Diese Verbindung aus harter Maloche und ständiger Gefahr schafft eine seltsame Beziehung zwischen Kumpel und Bergwerk. Es ist eine Art Haßliebe, die Horstmann beispielsweise sagen läßt: »Ob du bei Ford oder Opel am Fließband stehst, das macht kaum einen Unterschied, aber von einer Zeche zur anderen – das ist, wie wenn du aus einem Organismus herausgerissen wirst.«
Besonders schmerzhaft ist dies vor allem dann, wenn eine Zeche so klein und »intim« ist wie die in Waltrop, wo der Reviersteiger Hans Zdolsek noch sagen kann: »Hier kenn' ich jedes Gesicht, weiß, was der für eine Markennummer hat und mit wem der verheiratet ist.« So etwas wie Familiencharakter hat sich hier erhalten, Traditionen werden noch gepflegt. Regelmäßig versammelten sich die Waltroper Kumpels zur Feier für die heilige Barbara, die Schutzpatronin der Bergleute, in der Lichthalle des Verwaltungsgebäudes. Auf ihren neuen Arbeitsplätzen, auf den Zechen »Haus Aden«, »Minister Stein« oder »Minister Achenbach« wird es das nicht mehr geben.
Es ist ein gewachsenes Geflecht sozialer Bindungen und Beziehungen, das hier verlorengeht. Reviermannschaften werden auseinandergerissen, und auch in der »Alten Kolonie« wird es nicht mehr so sein, wie es war. Hier wohnen sie noch »auf der Seilscheibe«, wie die Kumpels die enge Nachbarschaft zur Zeche nennen. Aber »Haus Aden« beispielsweise ist 15 Kilometer von

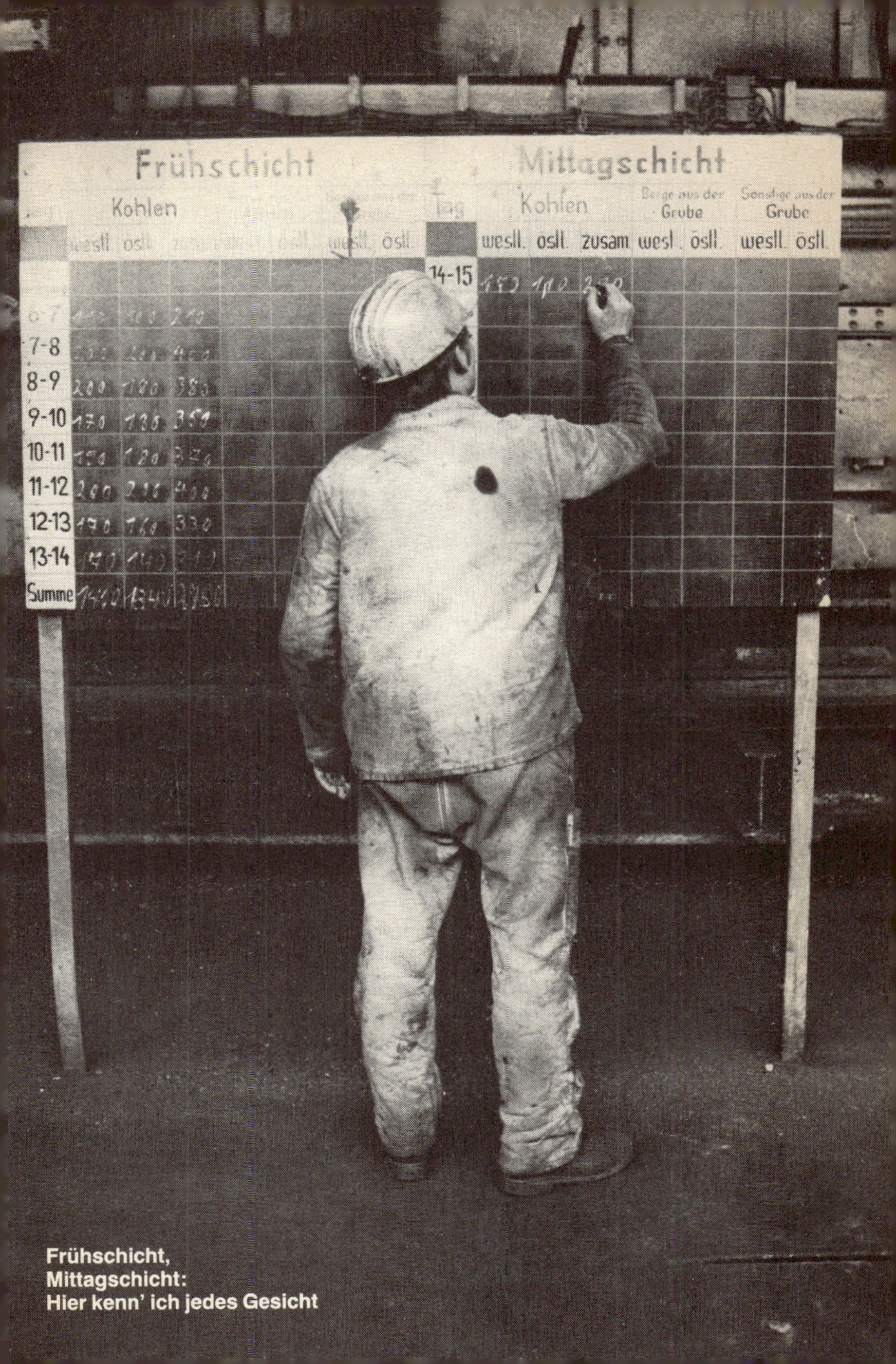

Frühschicht,
Mittagschicht:
Hier kenn' ich jedes Gesicht

Waltrop entfernt. Da werden nicht wenige umziehen. Zdolsek, der bislang immer zu Fuß zum Pütt gehen konnte, macht gerade den Führerschein. Es gibt Bergmänner auf Zeche »Waltrop«, die bereits die fünfte Stillegung mitmachen, für manche ist es die dritte, für Zdolsek die erste. Er sagt: »In einer neuen Zeche, da gelten die alten Werte nicht, da muß man erst neu zeigen, was man kann.« Zwei Jahre, so rechnet er, wird das dauern, »bis ich wieder so drin bin wie hier«.

Wie sehr er hier drin ist, zeigt sich unten im Streb bei Flöz Mausegatt, wo er leichtfüßig und behende zwischen den Stempeln herumturnt, während der ortsfremde Besucher eher mühsam vorwärts stolpert und froh ist, daß seine Schienbeine ordentlich geschützt sind. Bis zum Abend wird der Reißhakenhobel etwa drei Meter vorgerückt, werden rund 2000 Wagen mit frisch geförderter Kohle zum Füllort gefahren sein. Eine gute Leistung. »Ja«, sagt Obersteiger Haasz, »hier unten geht es noch gut voran.« Noch.

Obwohl die Zeche noch voll in Betrieb ist, obwohl auch am Flöz Finefrau fleißig gefördert wird und kürzlich sogar noch das Stahlseil des Förderturms von Schacht 1 gewechselt wurde – die Bergleute reden schon in der Vergangenheitsform von ihrem Pütt. »Hier in Waltrop«, sagt Haasz, »haben wir die beste Kokskohle Europas gefördert.« Jetzt kommt die Zeit für die Geschichten, die sich die Kumpels erzählen, für die Erinnerungen, die sie austauschen. Da verblassen dann die schlechten Erfahrungen, und zum Vorschein kommt das, worauf man stolz ist: die niedrige Unfallrate zum Beispiel, die hohen handwerklichen Fähigkeiten der Waltroper Bergleute. Auf dem Rückmarsch sagt der Obersteiger: »Waltrop, das war etwas Besonderes. Wenn andere irgendwo mit ihrem Pütt nicht fertig wurden, dann haben die Waltroper vorgemacht, wie es geht.«

Die kleinen Geschichten werden bald Geschichte sein. Schon war ein Mitarbeiter des Landeskonservators auf dem Zechengelände und hat sich umgesehen, was man als Dokument der Industriegeschichte vor dem Abriß retten könnte. Am liebsten würde er die ganze Anlage erhalten, die in ihrem einheitlichen Backsteinstil im Ruhrgebiet einmalig ist. Weil dafür aber die Gelder fehlen, will er sich wenigstens für die Lichthalle und das Maschinenhaus stark machen. »Zum Verlieben«, sagte er, als er vor den 70 Jahre

Pause in der Lichthalle, Zeche Waltrop: Jetzt kommt die Zeit für die Geschichten

alten, dampfgetriebenen Kolben, den massigen Zylindern und zischenden Ventilen stand. »Wer diese Fördermaschine einmal verschrotten will«, hatte einst der frühere Werksdirektor gedroht, »der muß über meine Leiche gehen.«
Daß sich die Frage der Verschrottung so bald stellen würde, hätte

auf Zeche »Waltrop« wohl keiner gedacht. Noch in der Jubiläumsschrift zum 50jährigen Bestehen hatte man die Zukunft der Zeche beschworen und den Vers eines bekannten Bergmanns-Liedes abgedruckt, in dem es heißt: »Froh sing ich deutschen Blutes, daß ich ein Bergmann bin, und blicke frohen Mutes, auf meine Zukunft hin.« In wenigen Monaten wird Zeche »Waltrop« nur noch Vergangenheit sein. Auf der Kohle des letzten Förderwagens werden ein Kranz und eine Schleife liegen.

(geschrieben im März 1979)

Der FC Schalke 04

oder

Wie Fußballer einen Mythos verspielen

In der alten Glückauf-Kampfbahn im Gelsenkirchener Stadtteil Schalke holt man sich leicht einen schwarzen Po, denn hier haben die Bänke eine feine Rußschicht. Die fünf alten Männer und der eine jüngere, die gerade auf der Haupttribüne erscheinen, wissen das. Sorgfältig breitet jeder von ihnen ein frischgebügeltes Taschentuch auf der Sitzfläche aus, dann erst setzen sie sich und sehen nach unten auf die Rasenfläche, wo etwa zwei Dutzend junge Männer in blauen Leibchen nach den Anweisungen eines älteren, schnauzbärtigen Herrn laufen, springen und Ball spielen. Scheinbar andächtig schauen sie den Übungen zu, nicken gelegentlich, schütteln auch mal unwirsch den Kopf, aber so recht bei der Sache sind sie nicht.
»Weiße noch damals«, läßt sich schließlich einer vernehmen, »weiße noch dat Spiel mitti 21 Elfmeter? Junge, dat war'n Krimi.« »Jau«, fällt ein anderer ein, »dat war doch da, wo der Koslowski noch gespielt hat – und der Biskup.« Es entspinnt sich nun eine lebhafte Diskussion darüber, ob der Koslowski damals tatsächlich noch gespielt hat, bis der Jüngere in der Runde der Unterhaltung eine plötzliche Wende gibt: »Aber dat schärfste Spiel«, sagt er, »dat schärfste Spiel war gegen die Bayern, da wo der Libuda sich die Hose runtergezogen hat.« Mit ausgestreckten Armen versuchen sie nun die Stelle in der Glückauf-Kampfbahn zu fixieren, wo Libuda einst dem Publikum seine blanke Kehrseite präsentierte – das Training der ersten Mannschaft des FC Schalke 04, dessentwegen sie an diesem Mittwochnachmittag ins Stadion gekommen sind, interessiert sie kaum noch.

Es ist wohl kein Zufall, daß die Trainingskiebitze soviel von der Vergangenheit reden – was gäbe es auch über die Zukunft zu sagen, die doch im Moment so duster aussieht wie mancher Hinterhof am Schalker Markt? Der FC Schalke 04, der siebenmal

Ernst Kuzorra, Schalker Denkmal: Nu wollense soga den Ärnz Kuzorra am Wagen fahn

deutscher Meister war, schwebt in höchster Abstiegsgefahr. Für eine Bundesligamannschaft ist dies immer eine prekäre Situation – für Schalke aber ist es ein Unglück, fast eine Katastrophe. Denn wer eine solche Vergangenheit hat wie dieser Verein, der darf ganz einfach nicht absteigen, der hat – sozusagen als Tribut an die große Tradition – stets oben zu sein.
Ist es nicht schon ein Unding, daß am Schalker Markt in der Gaststätte »Zum Kreisel« die Wände mit vergilbten Photos von den großen Schalker Meister-Mannschaften geschmückt sind, die hinterm Tresen aufgehängte Bundesligatabelle den FC Schalke 04 aber auf dem 16. (Abstiegs-)Platz ausweist? Muß es dem Berni Klodt nicht jämmerlich zumute sein, wenn er – wie letzten Samstag – wieder mal von einer Niederlage der Schalker nach Hause kommt und dann in seinem Arbeitszimmer die Photos vom Endspiel um die deutsche Meisterschaft 1958 sieht, wo er, der Berni, zwei Tore zum 3:0-Sieg über den HSV schoß? Und ist es nicht geradezu eine Boshaftigkeit des Schicksals, daß das sogenannte Abstiegsgespenst ausgerechnet in dem Jahr in Schalke auftaucht, da man anläßlich des 75jährigen Jubiläums wieder einmal der ruhmreichen Vergangenheit gedenken will?

Vielleicht verhält sich das Schicksal aber auch nur sehr konsequent, indem es angesichts bevorstehender Jubelfeiern einmal darauf hinweist, daß in Schalke zwischen Wahrheit und Legende, altem Ruhm und augenblicklicher Realität längst eine große Lücke klafft. Der Mythos Schalke 04 hat nämlich überhaupt nichts mit der Gegenwart zu tun. Er rührt vielmehr aus jenen Zeiten her, als in einem rußigen Gelsenkirchener Arbeiterviertel im Schatten der Zeche »Consolidation« junge Burschen einen neuen Fußballstil kreierten: Anstatt den Ball einfach nach vorne zu schlagen und dann hinterherzurennen, ließen sie ihn im Flachpaßspiel von Mann zu Mann wandern. Als »Schalker Kreisel« wurde dieser Stil weltberühmt.
Mit Schalke kam Bewegung ins Fußballspiel, es kam aber auch zu einer Fußball-Bewegung. Wohl kaum je war die Bevölkerung einer Stadt mit ihrer Mannschaft derart eng verbunden wie die Gelsenkirchener mit dem FC Schalke 04 der Zwanziger- und Dreißigerjahre. Kein Wunder, denn die Jungs, die da in knielangen, weißen Hosen, blauen Hemden und Ringelstutzen dem Ball nachjagten, das waren ihre Kumpels. Da unten, der Halblinke,

das war der Ernst Kuzorra, der im Pütt von Zeche »Consolidation« sieben Jahre lang Kohle gekloppt, geschuftet und geschwitzt hatte wie sie auch. Und der stämmige Blonde auf Halbrechts, das war der Fritz, sechstes Kind vom Bergmann Szepan aus der Grenzstraße.
Schalke 04 damals – das war eine gewachsene Mannschaft aus der Arbeiterklasse, eine – wie Psychologen heute sagen – ideale Identifikationsebene für die Bevölkerung. Und so war denn auch die Glückauf-Kampfbahn meist gerammelt voll, oft saßen die Zuschauer sogar auf den Dächern der Häuser von der angrenzenden Kurt-Schumacher-Straße. Ihrem Idol jubelten sie mit dem Song zu: »Oh, Ernst Kuzorra, ich hab dich spielen gesehn, oh, Ernst Kuzorra, das war so wunderschön.« In ihrem Vereinslied besangen sie die Schalker Farben: »Blau und Weiß, wie lieb ich dich.« Schalke wurde zur Religion, das Stadion zum Wallfahrtsort, die Mitgliedsbescheinigung zum Glaubensbekenntnis. Die Götter waren die Spieler.
War es da nicht allzu menschlich, daß der Kassierer Willi Nier, ein als brav und korrekt bekannter Mann, die Buchführung ein bißchen fälschte, um verbotene Zahlungen an die Spieler (zehn statt der erlaubten fünf Mark) zu vertuschen? Und war es nicht ein scheußliches, nur durch den Neid der anderen erklärbares Unrecht, daß die Sache nicht nur aufflog, sondern auch noch vor ein Sportgericht kam und mit einer Sperre für 16 Spieler und acht Vorstandsmitglieder endete, wo doch der Kassierer nur aus Liebe zu seinem Verein gehandelt hatte? Willi Nier ertrug die Schande nicht und ertränkte sich kurz nach dem Urteil im August 1930 im Rhein-Herne-Kanal. Der Verein bewahrte ihm ein ehrendes Angedenken mit einem Denkmal am Eingang der Glückauf-Kampfbahn.

Auch später sollte noch oft von frisierten Abrechnungen, gefälschten Bilanzen und schwarzen Kassen die Rede sein, was natürlich sehr harte Formulierungen sind, wenn man bedenkt, daß stets die Liebe zu Schalke der Antrieb für die Manipulationen war. Auch waren ja nicht etwa kriminelle Fälscher am Werk, sondern ehrenwerte Männer, die in ihrem Beruf als absolut untadelig galten – so wie der Rechtsanwalt Albert Möritz, in dessen Präsidentschaftszeit Hunderttausende schwarz in die Kassen flossen; so wie der Textilkaufmann Hans Asbeck, der es als Schatz-

Reinhard Libuda, Schalker Fußballidol, Laden-Pächter: Die müssen ma wieda 'n Spiel gewinnen, dat is alles

meister ebenfalls mit dem Steuerzahlen nicht so genau nahm; so wie der Gelsenkirchener Stadtkämmerer Hans-Georg König, der wegen »Unregelmäßigkeiten« in der Schalke-Buchführung zu einer Geldstrafe verurteilt wurde. Möritz erhängte sich, Asbeck erschoß sich, König wurde zum Oberstadtdirektor gewählt.

Erst vor diesem Hintergrund wird verständlich, warum der spätere Präsident Günter Siebert nach einem wieder mal überstandenen Skandal erleichtert aufatmete, daß es diesmal »ohne menschliche Verluste« abgegangen sei. Zu diesem Zeitpunkt freilich war schon vieles anders geworden in Schalke; nicht nur die Spieler, sondern auch die Skandale hatten nicht mehr die Qualität von einst, und die Verfehlungen waren beim besten Willen nicht mehr mit der Liebe zu Schalke zu erklären. Als die Mannschaft am 17. April 1971 gegen Arminia Bielefeld absichtlich verlor, da war es ihr nur um den eigenen Vorteil gegangen – jeder Spieler kassierte 2300 Mark für die verkauften Punkte.

Das war schäbiger Betrug am treuesten Publikum der Bundesliga und der Beginn einer Ära, in welcher offenbar der Beweis erbracht werden sollte, daß auch die glorreichste Vergangenheit kaputtzukriegen ist, wenn man es nur intensiv genug anpackt. Getrickst wurde nun nicht mehr auf dem Spielfeld, sondern in den Gerichtssälen, konditionsstark erwiesen sich die Vorstandsherren vor allem beim Intrigenspiel, absichtliche Fouls waren an der Tagesordnung. Die Spieler, die das Spiel gegen Bielefeld verschoben und danach Meineide geschworen hatten, brachten dem Klub den Spottnamen »FC Meineid« ein. Bei Auswärtsspielen wurde die Mannschaft mit dem Lied empfangen: »Wer ist die Scheiße vom Revier? – Schalke 04.«

Mitgliederversammlungen pflegten regelmäßig zu Schlammschlachten auszuarten, wobei der gerade amtierende Präsident auch schon mal als »Schwein« und »Lügenbold« beschimpft wurde. Selbst ein Denkmal wie der heute 73jährige Ernst Kuzorra geriet in den Strudel der Intrigen und mußte durch das Essener Landgericht feststellen lassen, daß er noch Vizepräsident bei Schalke 04 war. In der »Westdeutschen Allgemeinen Zeitung« kommentierte »Kumpel Anton« empört: »Nu wollense soga den Ärnz Kuzorra am Wagen fahn.« Die alte Garde des Vereins wandte sich entsetzt ab. Berni Klodt zeigte sich »angewidert von diesem Stil«. Otto Schweißfurth, Mitglied der Meisterelf aus den Dreißigerjahren, stöhnte: »Armer FC, wie tief bist du gesunken.«

Berni Klodt, Schalker Ex-Nationalspieler: Sie sterben mit dem Wort Schalke auf den Lippen

Das Markenzeichen von Schalke wurden die Krisen und Affären, die nun nicht mehr – und das ist der Unterschied zu den Dreißigerjahren – durch große Siege aufgewogen wurden. Die Mannschaft wurde mittelmäßig und bot kaum noch Möglichkeiten zur Identifizierung. Schalker Jungs waren es ohnehin schon lange nicht mehr; auf der Position, wo einst Ernst Kalwitzki gestürmt hatte, spielte nun ein gewisser Fischer aus Zwiesel. Vor allem aber: Wie soll, bitte sehr, der Kumpel aus der Stehkurve Zugang zu Spielern finden, die so schwer an dem vielen, vielen verdienten Geld zu tragen haben, daß ihnen das Laufen logischerweise schwerfallen muß? Nur nach den Spielen, da sind sie mitunter recht schnell, wenn es gilt, den Autogrammjägern zu entkommen.

Dabei müßten die Spieler gerade jetzt »rennen, daß man sie nur noch mit dem Lasso einfangen könnte«, sagt Berni Klodt, »nur mit Fleiß und Einsatz ist der Abstieg noch zu vermeiden.« Ähnlich sieht es auch Klodts Nachfolger auf dem Rechtsaußenposten, der inzwischen ebenfalls nicht mehr aktive Reinhard Libuda. »Ohne Fleiß gibt's keine Punkte«, sagt er, die Hände vor der Brust verschränkt, hinter dem Verkaufstisch seines Zigarrenladens stehend, den ihm Ernst Kuzorra verpachtet hat. »Die müssen ma wieda 'n Spiel gewinnen, dat is alles.« Sagt sich so einfach. Die Tibulski, Eppenhoff und Gellesch damals, die hätten in der Situation wahrscheinlich die Ärmel aufgekrempelt und in die Hände gespuckt. »Von den Jungens heute«, sagt Klodt, »da haben einige noch gar nicht begriffen, worum es geht.«

Muß man sich da noch wundern, daß die sechs Männer auf der Tribüne in der alten Glückauf-Kampfbahn lieber von der Vergangenheit als von der Gegenwart reden? Vielleicht ist es ihnen selber gar nicht bewußt – aber ihre Anhänglichkeit, ihre Treue zu Schalke gilt einem Verein, den es in Wahrheit gar nicht mehr gibt. Am Ende der Trainingsstunde stehen sie auf, falten ihre Taschentücher zusammen und gehen. Am nächsten Tag werden sie pünktlich zum Beginn des Trainings wieder hier sein. Es sind dies die Treuesten der Treuen, von denen Berni Klodt sagt: »Sie sterben mit dem Wort Schalke auf den Lippen.«

(geschrieben im Mai 1979)

Der Schlachthof

oder

Blutsauger im Akkord

Benno Krolls Leidenschaft sind die Schnauzer. Die züchtet er. Kürzlich ist er von seinen Freunden zum Landesgruppenzuchtwart gewählt worden. Darauf ist er sehr stolz. Benno Kroll führt ein glückliches Familienleben, sagt er. Sein Sohn ist 24 und bei der Polizei. Benno Kroll hat einen stämmigen, etwas untersetzten Körper und schütteres, graues Haar, das er sehr akkurat auf seiner Schädeldecke verteilt. Sein Gesicht wirkt etwas verkniffen. Das liegt wohl daran, daß er die Augen zu schmalen Schlitzen verengen muß, wenn sie nicht den Rauch abbekommen sollen, der von einer ständig im Mundwinkel hängenden Zigarette aufsteigt. Benno Kroll ist 65. Rentenalter. Trotzdem arbeitet er noch. Er ist »Schießer«. Sein Tätigkeitsfeld ist die »Tötefalle« im Bochumer Schlachthof.

»Tötefalle« ist ein Ausdruck von Benno Kroll. Die anderen sagen »Rinderfalle«. Gemeint ist jene schmale Betonbox, zu der eine türhohe Öffnung führt, gerade so breit, daß eine Kuh oder ein Bulle durchpaßt. Hat man das Tier hier hindurchgetrieben, schiebt sich von oben eine Eisenklappe herunter und schließt die Öffnung – das Rind sitzt in der Falle. Von drei Betonwänden und einer Eisenwand eingeschlossen und zur Bewegungsunfähigkeit verurteilt, steht es dann dumpf stierend oder auch mal brüllend in seinem Gefängnis. Nur der Kopf ragt knapp über die Mauern hinaus – in Reichweite von Benno Kroll.

Hier am Rande der Rinderfalle ist sein Arbeitsplatz. Hier hängt – an einem Metallgeländer – sehr ordentlich seine braune Ledertasche, in der er die Wurst- und Fleischpakete verschwinden läßt, die ihm die Bauern gelegentlich zustecken. Benno Kroll ißt sehr gerne Fleisch und Wurst. Neben der Tasche befindet sich – ebenfalls am Geländer befestigt – ein kleines Metallbord. Auf dem steht eine in drei Fächer unterteilte Schachtel aus Schweinsleder, nicht größer als eine Federmappe. Kleine Metallhütchen mit ver-

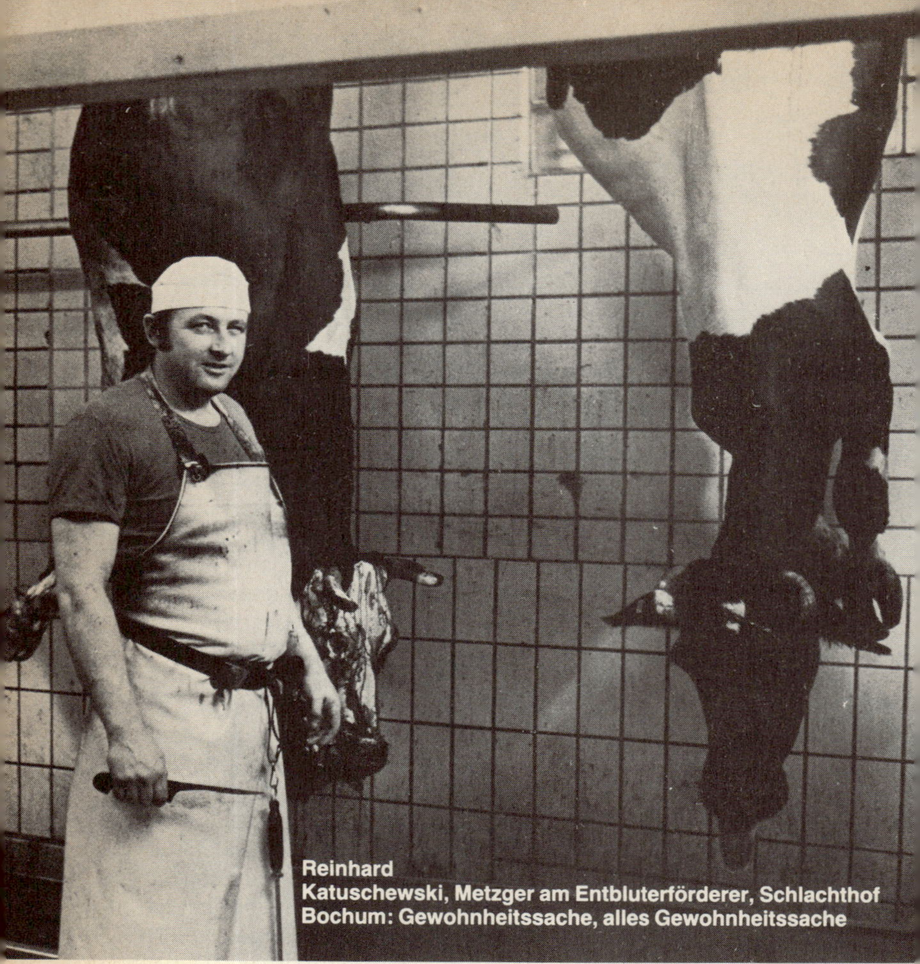

Reinhard Katuschewski, Metzger am Entbluterförderer, Schlachthof Bochum: Gewohnheitssache, alles Gewohnheitssache

schiedenfarbigem Pulver liegen darin – sogenannte Kartuschen. Die gelben im ersten Fach sind für Kleintiere wie Kälber und Hammel, die roten im mittleren für Ochsen, Kühe oder auch mal Pferde, die schwarzen Kartuschen schließlich sind für Bullen und Stiere.

Nicht weit von dem Kartuschenbord hängt ein etwa ellenlanger, runder Metallbehälter, in dem ein längliches, schweres Gerät steckt: der Bolzenschußapparat. Wenn ein geübter Schießer danach greift, um eine Kartusche einzuführen, sieht er kaum noch hin. Er beherrscht jeden Handgriff im Schlaf: Verschlußkopf abnehmen, Kartusche reindrücken, Apparat wieder zusammensetzen, Zündbolzen soweit herausziehen, bis der Abzugshebel einrastet. Benno Kroll ist ein geübter Schießer. Mit der Routine eines Mannes, der seit dreißig Jahren in diesem Geschäft tätig ist, hantiert er mit seinem Schußapparat, in den er an diesem Morgen fast nur rote Kartuschen einsetzt. Er hat es mit Kühen zu tun.
Ist das Tier in der Falle, die Eisenklappe geschlossen, der Abzugshebel gespannt, werden die Augenschlitze in Benno Krolls Gesicht für einen kurzen Augenblick noch schmäler: Er fixiert sein Gegenüber. Dann macht er zwei, drei schnelle Seitwärtsschritte, um in den Rücken des Tieres zu kommen. Von hinten setzt er den Bolzenschußapparat mit einer schnellen Armbewegung auf die Stirn der Kuh auf. In der Zehntelsekunde, wo Apparat und Tierfell sich berühren, drückt Benno Kroll den Abzugshebel herunter. Ein scharfes metallisches Klacken ist zu hören, dann ein dumpfes Poltern: Die Kuh, auf deren Stirn ein kreisrundes, vom Blut rotes Loch davon zeugt, daß der etwa zehn Millimeter lange Schußbolzen die Schädeldecke durchschlagen und einen Teil des Gehirns zertrümmert hat, ist blitzartig zusammengebrochen.
Der ganze Vorgang, vom Laden bis zum Schießen, hat kaum eine Minute gedauert. Benno Kroll sagt, dies sei die »leichteste Arbeit im ganzen Schlachthof«. Und »human« sei sie auch: »Das ist das Schmerzloseste, was es gibt.« Benno Kroll muß es wissen: Er hat noch Zeiten erlebt, »da haben wir die Tiere mit dem Hammer geschlagen«. Auch für Schlachthofbetriebsinspektor Helmut Stumpe »gibt es keine humanere Tötung als hier: Denken Sie nur an die Juden, Griechen oder Türken – die töten die Tiere ohne Betäubung.« In der Tat bewirkt Benno Krolls Arbeit noch nicht den Tod, sondern nur die Betäubung. Es ist gewissermaßen die erste Etappe beim Töten eines Schlachtviehs.
Die zweite beginnt damit, daß Benno Kroll die Metallwand der Tötefalle so verschiebt, daß das zusammengebrochene Tier, auf leicht abgeschrägtem Boden liegend, seitlich herausrutschen

kann. Während Kroll die Metallwand in ihre Ausgangsstellung zurückbewegt, die leere Kartuschenhülse aus dem Bolzenschußapparat herausfallen läßt, eine neue Kartusche einsetzt und sich dem nächsten Tier in der Falle zuwendet, beginnt unterhalb der Rampe die Arbeit eines Mannes, von dem er sagt: »Der hat einundfünfzigzwo, so ’ne Arbeit, die kann nur ein Bekloppter machen.«

Das erste, was einem an diesem großgewachsenen, kräftigen Mann auffällt, sind seine mit heiserer Stimme ausgestoßenen, derben Flüche, die seine Arbeit begleiten. Im Gegensatz zu dem sehr konzentriert, ruhig und besonnen wirkenden Kroll sind seine Bewegungen hektisch und nervös. Das Gesicht mag Gefühle ausdrücken können – hier ist es nur ein Konzentrat äußerster Anspannung. Dieser Mann hat die Aufgabe, einen bleistiftdicken Metalldraht in die Schußwunde am Kopf des Tieres zu stoßen – so tief, daß das Rückenmark zerstört und das Tier bewegungsunfähig wird. Der Schuß in der Tötefalle hat zwar bewirkt, daß das Tier betäubt ist, aber nicht verhindert, daß es im Todeskampf noch um sich tritt. Deshalb muß das Rückenmark zerstört werden. Deshalb auch die nervösen Bewegungen des Mannes, der ständig auf der Hut sein muß, daß er nicht von einem wild schlagenden Bein getroffen wird.
Liegt das Vieh dann ruhig und nur noch gelegentlich zuckend da, kann der Teil der zweiten Etappe beginnen, dem der Mann seine Berufsbezeichnung verdankt: Man nennt ihn »Aufhänger«. Es geht darum, das eine Ende einer Kette am Hinterbein des Tieres, das andere an einer von der Decke baumelnden Zugvorrichtung zu befestigen, so daß nun Benno Kroll wieder in Aktion treten kann. Über das Geländer der Rampe gelehnt, das unten liegende Tier im Blick, drückt er auf einen kleinen Knopf und setzt damit die Zugvorrichtung in Bewegung. Langsam wird der massige Tierkörper nach oben gezogen – ein seltsam unwirkliches Bild: Das Tier, das eben noch sehr lebendig dastand, hängt nun wie ein riesengroßer nasser Sack an einer Kette, Hinterbein steil nach oben, Kopf nach unten, die Zunge weit aus dem Maul.
Rinder, bei denen das Rückenmark dem Eisendraht widerstanden hat, kann man in dieser grotesken Stellung noch mit einem Bein in die Luft stampfen sehen. Doch das sind die unwiderruflich letzten Reflexe im Todeskampf, denn die nächste Station

nach Schießer und Aufhänger ist der »Abstecher« – ein Metzger sticht ins Herz des Tieres. Er ist der erste Mann am sogenannten »Entbluterförderer« – eine Bezeichnung, deren Inhalt schnell verständlich wird, wenn man sieht, wie das Messer des Abstechers eine klaffende Wunde in das Fell des Tieres reißt, aus der ein Sturzbach von Blut hervorschießt. Von einem Trichter aufgefangen und durch ein Plastikrohr in ein Faß geleitet, kommt das Tierblut in eine spezielle Verarbeitungsanlage, wo Blutplasma hergestellt wird.

Der Abstecher an diesem Tag heißt Heinrich Brinkmann. »Ich bin der Blutsauger«, sagt er und grinst. Darüber müssen auch seine beiden Kollegen am Entbluterförderer lachen – Reinhard Katuschewski und Armin Rambo. Diese beiden sind die ersten, die es mit dem toten Rind zu tun haben. Sie sind es auch, die mit jenem Prozeß anfangen, an dessen Ende von einem Tier nur noch zwei Fleischhälften, der Kopf und die Innereien übrigbleiben. Katuschewski beginnt das Enthäuten, indem er mit einem Messer Kopf- und Halsfell ablöst und die Ohren abschneidet. Rambo entfernt mit einer hydraulischen Zange, die aussieht wie eine überdimensionale Nagelschere, die Hörner sowie die Vorderbeine auf halber Länge. Polternd fallen sie zu Boden und bilden um die Gummistiefel herum einen kleinen Berg.
Dann legt er, ebenfalls mit einem Messer, die Stümpfe frei, enthäutet auch die Brust, wobei er das Fell nur löst, nicht abschneidet. In blutigen Fetzen hängt es nach unten – ein Tierkörper wird auf Metzgermaß zurechtgestutzt. Rambo und Katuschewski, beide gelernte Metzger, arbeiten mit hoher Präzision. Ihre Handgriffe verraten Erfahrung, Routine und – »eine gewisse Abstumpfung«, wie Stumpe die Tatsache umschreibt, daß diese Männer ohne ein Zeichen von Ekel oder Widerwillen ihre blutige Arbeit verrichten. Alle paar Minuten müssen sie zu einem der Wasserschläuche greifen, um Arme und Hände, Gummischürze und Gummistiefel vom Blut zu säubern.
»Gewohnheitssache«, sagt Rambo, »alles Gewohnheitssache.« Er ist ein stämmiger Kerl mit blonden Locken, der zwischen zwei Vorderbein-Amputationen schnell mal ein Leberwurstbrot ißt und dabei voller Stolz davon erzählt, daß er unlängst einen Karpfen aus dem Rhein-Herne-Kanal gezogen hat, und was für einen: Satte 31 Pfund wog der. Seinem zehnjährigen Jungen freilich

wünscht er einmal einen anderen Job, denn »das hier, das ist Knochenarbeit«, eine, die man abends in den Gliedern spürt – je nachdem, wie schnell das Band gelaufen ist.
Normalerweise bewegt es sich in einem Tempo, das den Durchlauf von etwa 29 Rindern pro Stunde ermöglicht – das sind bei sieben Stunden Arbeitszeit rund 200 Tiere am Tag. Benno Kroll erinnert sich an einen Tag, da kam man am Ende auf 300. Den meisten war das mörderische Tempo gar nicht einmal unangenehm, denn als Lohn- oder Kopfschlächter werden sie nach der Zahl der Tiere bezahlt, die sie an einem Tag schaffen. Obertierarzt Gerhard Zimmermann sagt: »Wenn die ein festes Einkommen hätten, würden sie nach einer Stunde müde. So aber werden die Gesichter um so fröhlicher, je länger es dauert.«
An diesem Tag läuft das Band normal. Pro Stunde machen etwa 28 Tierleiber die Reise quer durch die Halle, wobei sie von Station zu Station mehr von ihrer ursprünglichen Gestalt verlieren. Nachdem sie Brinkmann, Katuschewski und Rambo passiert haben, rücken sie auf ihrer Deformationsfahrt stetig voran: Erst wird das Hinterbein-Paar mit einer elektrischen Säge abgetrennt, dann das Rückenfell soweit losgelöst, daß es schließlich von einer Maschine in einem Zug abgezogen werden kann. Das nächste, was der Torso verliert, ist der Kopf: Ein Metzger schneidet ihn ab, löst die Zunge und sticht die Augen aus, die er in einen Metallkorb wirft. Rinderaugen sind begehrtes Anschauungsmaterial für den Biologieunterricht in Schulen.

Getrennt zwar, aber nebeneinander hängend, treten Kopf und Rumpf die Weiterreise zum Ausschlachtband an, wo zunächst mit einer Säge die Brust geöffnet wird, damit die Innereien entnommen werden können: Darm, Leber, Herz, Luft- und Speiseröhre. Damit nichts durcheinanderkommt, werden die blutigen Bündel wiederum parallel zum Körper aufgehängt, so daß das Tier nun schon in drei Teilen unterwegs ist: Kopf, Rumpf, Innereien. Nicht lange, da sind es vier: Nach der Fleischbeschau wird der Rumpf in zwei Hälften zerteilt. Aus einem Tier sind nun Stücke geworden, Handelsware, die abgestempelt, gewogen und nach der Festigkeit des Fleisches klassifiziert wird. Noch ein paar »Verschönerungsarbeiten«, wie ein Metzger das Abschaben von Fettresten nennt – dann geht es ab ins Kühlhaus. Der Weg dort-

hin ist, unterhalb der Transportschienen, auf dem Boden durch eine feine Blutspur markiert.
Sieben Stunden wird an diesem Tag am Rinderschlachtband gearbeitet. Sieben Stunden in einer Halle, die erfüllt ist von einem süßlich-penetranten Blutgeruch, vom Brüllen der Tiere, vom Kreischen der Sägen und von dem metallischen Krachen, das jedesmal zu hören ist, wenn die hängenden Tierkörper ein paar Meter vorrücken. Dazwischen in regelmäßigen Abständen das Klacken des Bolzenschußapparats von Benno Kroll. Nachdem er den ganzen Tag Kühe geschossen hat, kommen nun, kurz vor Feierabend, noch ein paar Bullen dran. Eigentlich müßte er jetzt zu den schwarzen Kartuschen greifen, aber er nimmt weiterhin die roten. »Damit schaff' ich das auch«, sagt er. Sportlicher Ehrgeiz an der Tötefalle.
Als noch zwei Bullen übrigbleiben, hält er mir das Schießgerät hin: »Willsse auch ma schießen?«, fragt er, »is ganz leicht, kann nix passieren.« Ganz begeistert über seine Idee, schwenkt er freudig seinen Schußapparat und lächelt dann spöttisch, als er sieht, wie ich zurückweiche. »Komm«, versucht er es ein letztes Mal, »is doch ganz leicht, dann kannze sagen, du hast auch schon mal eine geschossen.« Als er merkt, daß nichts zu machen ist, schießt er selber: kurzer Blick, zwei, drei Seitwärts-Schritte, Schußapparat auf die Stirn – klack. »Siesse«, sagt er, »so einfach is dat.«

(geschrieben im September 1979)

Die Ruhr-Uni

oder

Eine Idee verirrt sich im Labyrinth

Das erste Mal verlief ich mich im Parkhauslabyrinth. Dann bin ich zwischen den Gebäuden herumgeirrt, bin Treppen hinaufgeklettert und wieder hinuntergestiegen, habe einem bunten Pfeilesystem zu folgen versucht, bin dabei im Kreis gelaufen – und schließlich bin ich stehengeblieben, habe tief durchgeatmet und mich zu orientieren versucht, dabei aber nur festgestellt, daß die Gebäude einander gleichen wie ein Ei dem anderen. Sicher hat mein Gesicht den verzweifelt-hilflosen Eindruck gemacht, der hier angeblich für Erstsemester typisch sein soll. Die Fortgeschritteneren, so erfuhr ich später, »verlaufen sich souveräner«.
Dabei wußte ich inzwischen wenigstens, wohin ich wollte – keine Selbstverständlichkeit, wenn man eine Ortsangabe bekommt, die nach Geheimcode klingt: GA-FO-04/611. Ein liebenswerter Mensch, dem ich ein ehrendes Andenken bewahren will, hat mir gesagt, was das heißt: Geisteswissenschaftliches Institut, Gebäude A, Flachbereich Ost, Ebene 04, Zimmer 611. Er hatte mir sogar noch die Richtung gezeigt, aber dann war es doch jener Irrweg geworden, der mich vor viele hohe Betonmauern und in manche Sackgasse führte und mich nur der Erkenntnis näherbrachte, daß es eine verdammt blöde Idee war, über die Ruhr-Universität Bochum (RUB) eine Reportage zu schreiben.

Dabei war ich eigentlich mit viel Elan hergekommen, um zu erkunden, was aus einem Projekt geworden ist, an dessen Anfang hohe Erwartungen und auch eine historische Perspektive gestanden hatten: zum erstenmal sollte im Ruhrgebiet eine Universität gebaut werden. Professoren und Studenten sollten in eine Arbeitslandschaft einziehen, die nach dem Willen von Kaiser Wilhelm II. auch für immer eine Arbeitslandschaft bleiben sollte. Weder Kasernen noch Universitäten, so hatte er in einem Erlaß verfügt, durften hier entstehen. Als dann am 18. Juli 1961 der Düsseldorfer Landtag der Stadt Bochum den Zuschlag für den Bau einer Uni erteilte, war dies das Ende eines erbitterten Wettbewerbs zwischen Bochum und Dortmund. Beide Städte hatten das Prestigeobjekt unbedingt haben wollen – und wie konträr die Meinungen waren, demonstrierte die Revier-Zeitung »WAZ«, die in dieser Frage im Bochumer Teil mitunter ganz anders Stellung bezog als in der Dortmunder Ausgabe.

Eine klassische Campus-Universität sollte es werden. Die Gründungsväter waren beseelt vom alten Humboldtschen Ideal der Einheit der Wissenschaften; sie wollten einen Bogen schlagen – architektonisch und organisatorisch – von der Theologie bis zu den Ingenieurwissenschaften. Von der »gegenseitigen Durchdringung geisteswissenschaftlicher und naturwissenschaftlicher Erkenntnisse« war die Rede, die »Verflechtung der Disziplinen« war das Ziel. Angestrebt wurde aber auch eine Entlastung der bestehenden nordrhein-westfälischen Universitäten – und so galt es, nicht nur groß, sondern auch schnell zu bauen.

Bald ratterte auf einem 450 Hektar großen Gelände im südlichen Stadtteil Querenburg, nahe dem Ruhrtal und nicht weit entfernt von der stillgelegten Zeche »Klosterbusch«, das Schüttelwerk einer Feldfabrik, deren Fließbänder riesige Betonfertigteile ausspuckten – 17 mal 17 Meter groß. Es war wie bei einem Legospiel für Riesen: Nach einem normierten Baukastenraster wurde Teil für Teil zusammengefügt. Eine Universität wurde gebaut, aber im Grunde genommen war es doch mehr eine Lehr- und Lernstadt, ein kompliziertes System von Flach- und Hochbauten, Innenhöfen, Übergängen, Querverbindungen und Foren, tausend Meter lang, vierhundert Meter breit. Ein Konzentrat aus Stahlbeton, eine durch Flachbauten miteinander verbundene Doppelreihe von insgesamt 13 Hochhäusern – je drei für die Ingenieurwissenschaften (IA, IB, IC), für die Medizin (MA, MB, MC) und für die Geisteswissenschaften (GA, GB, GC) sowie vier für die Naturwissenschaften (NA–ND).

Das Spiel mit den normierten Bauklötzen aus Beton (Motto: »schnell und preiswert«) hatte für viele etwas Faszinierendes. Beim Nachlesen der alten Festreden von Politikern und Professoren läßt sich noch sehr gut die Begeisterung über den vermeintlich großen Wurf herausspüren: Da wurden im Rückblick das »Raffinement modernster Technik« und der »computergesteu-

Ruhr-Uni Bochum:
Fortgeschrittene
Studenten verlaufen
sich souveräner

erte Bauverlauf« gepriesen, da hieß es, »der Prometheus eines neuen Hochschulwesens« habe sein Werk begonnen, da brüstete man sich mit der »größten Baustelle Europas«, auf der ein »futurisches Werk« entstehe. Später freilich dominierten dann etwas andere Begriffe: »Beton-Uni«, und in der »WAZ« konnte man es vierspaltig lesen: »Selbstmord-AG in Bochum will lebensmüde Studenten retten.«

War das futurische Werk für die in ihm lebenden und arbeitenden Menschen gar nicht so faszinierend? War es am Ende gar zum Verzweifeln? Mit diesen Fragen bin ich nach Bochum gefahren. Die Antworten, die ich bekam, zeigen, daß es hier zumindest zu einer besonders unglücklichen Verknüpfung verschiedenster Faktoren gekommen ist, die nach Meinung des Pfarrers Jaap van Zwieten de Blom von der Evangelischen Studentengemeinde »Vereinzelung und Einsamkeit geradezu vorprogrammiert haben«. Bei der Aufzählung dieser Faktoren muß die Architektur am Anfang stehen: Noch nie sind mir in einem Bauwerk die Menschen so klein und winzig vorgekommen wie in diesem wahrhaft überwältigenden, wenn nicht sogar erschlagenden Unikomplex, dessen hehre Gründungsidee von der Einheit der Wissenschaften sich bald als das entlarvte, was sie wirklich war: die Bau-Gigantomanie der Sechzigerjahre.

Sie hat in Bochum einen Baukomplex geschaffen, in dem der Germanistik-Dozent Gerhard Mensching »etwas Abweisendes, Kaltes, Menschenfeindliches« spürt und wo die Literaturwissenschaftlerin Marianne Kesting »Verlorenheitserlebnisse mit kafkaesken Gefühlen« hatte. Die Jurastudentin Doris hat nach zehn Semestern immer noch Schwierigkeiten, sich zurechtzufinden; die Psychologin Elli Gurack von der Studienberatung kennt Studenten, »die fühlen sich hier wie Ratten in einem Labyrinth«; und nicht immer werden die Probleme so mild-sarkastisch kommentiert wie in jenem Bilderwitz, wo zwei Studenten in einem Schilderwald herumlaufen und der eine zum anderen sagt: »Angeblich sollte der Planer der Uni einen Architekturpreis bekommen. Er hat aber den Hörsaal, in dem die Preisverleihung stattfand, nicht gefunden.«

Der Journalist Michael Naumann beschrieb seine erste Begegnung mit dieser »Volluniversität von erheblicher Größe« (der ehemalige nordrhein-westfälische Kultusminister Paul Mikat) wie

Ruhr-Uni Bochum: Einsamkeit geradezu vorprogrammiert

einen Horrortrip: »Endlose Gänge aus der Schreibmaschine von Robbe-Grillet. Schwellenlose Linoleumflächen. Türen (ziehen), Türen (drücken) – Hunderte. Konstantes Rauschen unverputzter Klimaanlagen. Akademische Enklaven: schon die Vorstellung nimmt einem den Atem, hinter den immer gleichen Türen könnte irgendwo ein Seminar über Stifter stattfinden. Der Weg durch den Rrupph-Untergrund führt in die Sahelzone der Ästhetik: Seelisch intakt bricht der Wanderer auf; nach Ornamenten dürstend, verstört und einsam erreicht er sein Ziel – gewöhnlich eine verschlossene Tür. Flüchtet er sich schließlich auf ein Klo, so wird er die vulgärsten und unbeschwingtesten Graffiti entdecken. Selbst hier, im angestammten Reservat deutschen Humors, gibt's nichts zu lachen.«

Frau Kesting sagt: »Es bedeutet eine ungewöhnliche Anstrengung, in diesem funktionellen, freudlosen Betonsilo über geistige Dinge zu reden.« Sie weiß von einem Professor-Kollegen zu berichten, der nach einer schweren Krebs-Operation zurück an seinen Arbeitsplatz in der RUB kam und fürchterlich erschrak, weil er an der Tür seines Zimmers einen anderen Namen geschrieben fand. In Wahrheit hatte er sich nur verlaufen und war unversehens in einen Nebentrakt geraten. Frau Kesting selber hatte ein solch traumatisches Erlebnis einmal nachts, als sie im Parkkeller eine Stunde lang vergebens ihr Auto zu erreichen versuchte: Zwar sah sie es die ganze Zeit, aber den Weg dorthin fand sie nicht. Zum Ziel kam sie erst, als sie schließlich in ihrer Verzweiflung zwei Brüstungen hinunterkletterte.

Gerhard Mensching (»Die Uni stößt alle ab – wer hier nichts zu tun hat, flieht«) hat aufgrund eines Studenten-Vorschlags einmal einen Film in der Uni drehen lassen. Inhalt: zwei Personen gehen durch das menschenleere Gebäude, fahren mit Fahrstühlen, passieren endlos lange Flure; als sie sich schließlich begegnen, gehen sie stumm aneinander vorbei – die schaurige Erfahrung in dem leeren Labyrinth hat sie sprachlos und kontaktunfähig gemacht. Im nächsten Semester will Mensching das Thema in der Form von Kurzprosa wiederaufnehmen: Die Studenten sollen beschreiben, wie sie sich fühlen in den Fluren und Gängen, auf den Treppen und in den Fahrstühlen; sie sollen schildern, wie es ist, wenn man sich verläuft und aneinander vorbeirennt.

Der Düsseldorfer Stadtentwicklungsminister Christoph Zöpel (SPD), der in Bochum studiert, als Assistent gearbeitet und als

AStA-Vorsitzender politisch gewirkt hat (zur gleichen Zeit, als an der RUB der heutige Düsseldorfer Oppositionsführer Kurt Biedenkopf Rektor war), meint im nachhinein: »Die damals allgemein als richtig erachtete Idee, alle Fakultäten um des Vorteils einer größeren Kommunikation auf einem Campus zusammenzulegen, hat hier zu einer solchen Größe geführt, daß die Kommunikation eher erschwert wurde.« In der Tat scheint dies das eigentlich Absurde an dieser Uni zu sein: Die Konzentration, die doch gerade das Gemeinschaftsgefühl und die fakultätsübergreifenden Kontakte bewirken sollte, hat statt dessen ein Klima entstehen lassen, »wo alle in ihre Löcher kriechen und draußen aneinander vorbeirennen« (Mensching), wo »kaum etwas Zufälliges, Spontanes geschieht« (ein ehemaliger Student) und wo es Frau Kesting gelegentlich als ratsam erscheint, ihre Seminare zu Hause abzuhalten, »weil sich dort viel zwanglosere Gespräche ergeben als in der Fabriksituation der Uni«.

Da ist es denn wohl kein Zufall, daß die älteren Dozenten und Professoren, also jene, die von Anfang an dabei waren, fast ein bißchen wehmütig an die Gründerjahre zurückdenken. Da beschreibt beispielsweise der frühere Rektor Günter Ewald in einer Rede zum zehnjährigen Bestehen der Ruhr-Universität direkt liebevoll die anfänglichen Provisorien – wie die erste Bibliothek in den Gebäuden der alten Zeche »Klosterbusch« Unterkunft fand und wie am schnell hergerichteten kleinen Hörsaal noch die Lettern »Brikett und Magerkohle« prangten. Und auch Mensching denkt noch gerne daran, wie er 1967 in einer »Idylle« angefangen hat zu arbeiten: »Da weideten noch Schafe in der Nähe von Hörsälen.«
Heute benutzt er vorzugsweise den Begriff »Unwirtlichkeit« – eine ziemlich zutreffende Charakterisierung der Uni, von der es einst hieß, daß sie »den Geist der Zukunft« (Ex-Rektor Ewald) atme, und in der man heute krampfhaft bemüht ist, den brutalen optischen Eindruck etwas zu verbessern. So will man die Institutsgebäude jetzt anmalen – und zwar so abgestuft, daß sie nach oben hin heller werden. Erreichen will man damit nach Auskunft der Pressestelle, »daß die Gebäude etwas zierlicher wirken«. Die Studenten ihrerseits lehnen sich gegen die architektonische Öde auf, indem sie die Fachschaftsräume mit Opas Mobiliar vollstopfen oder schon mal die Fenster der Fachschaftsräume

bunt anmalen. Und so kann es einem passieren, daß man in der Monotonie einer Institutsfassade auf einmal einen bunten Fleck entdeckt oder daß man nach hundert Meter langer Flur-Tristesse auf einmal auf eine Sessel-Sofa-Idylle aus den Fünfzigerjahren stößt. Hilfeschreie sind das, nichts anderes.
Die unwirtliche Stätte lebenswerter zu machen – das allein wäre eine große Aufgabe gewesen. Statt dessen kamen neue Probleme hinzu, schälten andere, alte sich erst richtig heraus. Da war die Tatsache, daß sich die ursprünglich veranschlagte Zahl von 10000 Studenten mittlerweile fast verdreifacht hat, daß sogar noch Fachhochschüler aufgenommen werden mußten – mit der Folge, daß der ohnehin schon schmal bemessene Raum für »Kommunikationszonen« weiter beschnitten und die Kleingruppenarbeit ganz gestrichen werden mußte. Da kam die dem Bauboom und der Planungseuphorie folgende Ernüchterung – mit dem Ergebnis, daß manche Teile, etwa das Klinikum, gestrichen wurden, andere Bereiche, etwa die Mediziner-Häuser MB und MC, noch immer leerstehen und die Fertigstellung des viel zu aufwendig konzipierten und konstruierten »Musischen Zentrums« nach wie vor ungewiß ist. Da zeigte sich allmählich immer deutlicher, daß die Wohnheime mit Küche, Klo und Waschbecken im Zimmer (Studentenjargon: »Wohnklo«) die gefährlichen Isolierungstendenzen noch verstärkten und daß das Uni-Center mit seinen kommerziell betriebenen, viel zu teuren Gaststätten und seinen schicken Läden besser in ein Feriengebiet auf Mallorca als in einen Uni-Komplex gehört hätte.

In dieser Situation mußte sich natürlich verschärfend auswirken, was das eigentliche Charakteristikum des Bochumer Lehrbetriebs ist – die Tatsache nämlich, daß fast zwei Drittel der in Bochum Studierenden »Fahrstudenten« sind. Es sind dies Leute, die zu Hause wohnen und morgens aus allen Ecken des Reviers mit dem Auto angefahren kommen – die 8000 Parkplätze rund um die Uni reichen oft nicht aus. Diese Studenten versuchen sich ihren Vorlesungsblock so zu organisieren, daß sie möglichst nur dreimal oder viermal in der Woche nach Bochum fahren müssen. Ihr Studium hat etwas vom Alltag eines Angestellten: Anfahrt – Parkhaus – Raus aus dem Auto – Fahrstuhl – Vorlesung – Fahrstuhl – Parkhaus – Rein ins Auto – Abfahrt. Spätestens um 17 Uhr ist Feierabend, leert sich die Lernfabrik.

Ruhr-Uni Bochum: Von IB nach NB lieber mit dem Auto

Es gibt in Bochum Studenten, die benutzen für den Weg von IB nach NB, zwei gegenüberliegenden, höchstens zehn Minuten Fußmarsch voneinander entfernten Gebäuden, lieber das Auto, weil sie die Fahrstrecke außen herum besser kennen als die Fußgängerroute durch das Unigelände. Das Auto ist in gewisser Weise zum Symbol für das von den Psychologen des Studienbüros beobachtete »Fluchtverhalten« von Studenten geworden, »die heilfroh sind, wenn sie hier raus sind«. Was aber machen die, die einen der 5000 Wohnheimplätze haben und eigentlich darüber glücklich sein müßten, wo doch die Zimmer so knapp sind? Für sie kann es schon mal so kommen wie für den aus Goslar stammenden Theologiestudenten Matthias, der nach der Rush-hour am Donnerstagnachmittag, vor sich ein sehr, sehr langes Wochenende in der Betonwüste am Rande der Stadt, »zeitweise Angst hatte, daß das irgend etwas anrichten könnte, wenn ich bis Montag mit niemandem ein Wort wechsle«.
An dieser Stelle freilich muß man der Fairness halber den Stu-

denten Matthias unterbrechen und Günter Brakelmann, RUB-Professor für christliche Gesellschaftslehre, das Wort geben. Professor Brakelmann nämlich zählt zu denen, die bei solchen Stichworten wie »Beton-Uni«, »Einsamkeit« oder »Fluchtverhalten« sehr aufmerksam und fast ein bißchen ärgerlich werden. Beton als Mitverursacher psychischer Störungen? »Da müßten die Arbeiter bei Opel doch auch alle 'ne Meise haben!« Schwierigkeiten, sich mit so einem Kasten zu identifizieren? »Einer, der am Fließband steht, kann sich auch nicht damit identifizieren!« Brakelmann (»Ich fühl mich an der Uni rundum wohl«) sagt: »Die Probleme, die die Studenten hier an der Uni haben, das sind die gleichen, die junge Leute heute überall haben.« Was den Beton betrifft, da werde »maßlos übertrieben«, und im übrigen sei es nun mal so: »Wenn viele Studenten untergebracht werden müssen, kann man keine Schönheitspreise gewinnen.«
Die Schönheit der Lehr- und Lernstadt RUB ist für den Studenten Matthias indes wohl nicht so wichtig. Ihm geht es um etwas anderes. In Göttingen, wo er zunächst studierte, hatte er viele Kontakte, da wußte er, wo seine Bekannten wohnten, da konnte er mal eben mit dem Fahrrad hinfahren – in Bochum merkte er sehr schnell, daß er mit vielen zwar nett reden, aber zu niemandem einen festen, tragfähigen Kontakt herstellen konnte: »Die sind hier echt nicht drauf angewiesen, die fahren ja doch am Nachmittag heim zu ihren Eltern.«

Seine Einsamkeit, seine Verlassenheitsgefühle, wenn er wochenends »im dunklen Zimmer herumlag«, das alles hat er erst überwunden, seitdem er in der Selbstmord-AG mitarbeitet, einer Gruppe, die es sich zur Aufgabe gemacht hat, die Öffentlichkeit auf ein Problem zu lenken, das zweifellos nicht nur an der Universität Bochum existiert, wenngleich es dort besonders kraß aufgetreten ist. Im Rektorat sind die nachgewiesenen Selbstmordfälle zwischen 1969 und 1979, nach Todesart unterteilt, aufgelistet worden. Unterm Strich steht die Zahl 35. Hinzu kommen noch 62 Todesfälle mit unbekannten Ursachen.
Die Selbstmord-AG, die sich gebildet hatte, nachdem erst nach 14 Tagen durch penetranten Verwesungsgeruch aus einem Wohnheimzimmer der Selbstmord eines Mädchens entdeckt worden war, hat insofern etwas bewirkt, als jetzt vom Rektorat Gelder für ein »Kriseninterventionszentrum« namens »Oase« frei-

gegeben wurden. Es ist dies ein Zeichen für ein wachsendes Problembewußtsein, das neuerdings auch in anderen, von der Evangelischen Studentengemeinde, von den Psychologen des Studienbüros oder von den Studenten selber initiierten Hilfsmaßnahmen zum Ausdruck kommt: Da ist zum Beispiel die intensive Einführung für Studienanfänger, die seit einiger Zeit die Möglichkeit haben, in kleinen Gruppen unter der Leitung eines erfahrenen Studenten ein paar Wochen oder Monate zusammenzubleiben und die Uni kennenzulernen; und da ist auch die wachsende Zahl von studentischen Selbsthilfegruppen.
Eine dieser Gruppen nennt sich »Arbeiterkinder«. Sie ist eine der aktivsten und am meisten besuchten. In Bochum liegt die Zahl der Studenten aus Arbeiterfamilien mit 19 Prozent deutlich über dem Bundesdurchschnitt (12 Prozent) – eine Tatsache, auf die der sozialdemokratische Wissenschaftsminister in Düsseldorf ebenso stolz ist wie die Bochumer Rathausspitze, ein Faktum freilich nur für Festtagsreden. Im Alltag hingegen sieht es so aus, daß beispielsweise das BAföG-Amt in Bochum als besonders rigide und rücksichtslos gilt. Hinzu kommt, daß sich in Bochum nie jemand um die spezifischen Probleme von Arbeiterkindern, um ihre größeren finanziellen Sorgen, um ihre stärkeren Ausdrucksschwierigkeiten gekümmert hat – bis sich die Betroffenen selbst zusammentaten und so ihren Ängsten wenigstens ein Gefühl von Solidarität entgegensetzen konnten.

Solche Nöte freilich dringen kaum nach draußen, sind kein Thema in Bochum; und bei Jubiläen oder festlichen Gelegenheiten werden ohnehin fast nur die positiven Seiten der RUB beleuchtet. Da wird dann die gute Ausstattung der Institute gerühmt oder hervorgehoben, was als besonderes Strukturmerkmal der RUB gilt – ihre »bewußte Öffnung nach außen«, wie sie unter anderem im Kooperationsvertrag mit der Industriegewerkschaft Metall zum Ausdruck gekommen sei. Und natürlich vergißt auch kein Festredner, das hohe nationale und internationale Ansehen der RUB zu würdigen; lobende Erwähnung findet auch fast immer die als sehr bedeutend geltende Kunstsammlung der Ruhr-Uni. Ich hätte sie mir sehr gerne angesehen. Leider habe ich sie nicht gefunden.

(geschrieben im Oktober 1980)

Kruppianer im Stahlwerk »Rheinhausen«: Die Klamotten wieder ans Laufen gekriegt

Der Stahlstreik

oder

Kämpfen für Butter bei die Fische

Als die sozialdemokratisch orientierte »Westfälische Rundschau« einmal Ausgewogenheit demonstrieren wollte, geriet sie prompt in Schwierigkeiten. Nacheinander hatte sie Vertreter der streitenden Parteien im Stahlkonflikt ans »WR-Telephon« gebeten und von Lesern befragen lassen. Während jedoch der IG-Metall-Funktionär, Kurt Herb, Gelegenheit hatte, den zahlreichen Anrufern ausführlich Rede und Antwort zu stehen, waren beim Hauptgeschäftsführer des Arbeitgeberverbandes, Werner Stumpfe, die beiden Leitungen die meiste Zeit tot. Den Grund für die Panne – Bauarbeiter am Redaktionsgebäude hatten versehentlich die Telephonkabel gekappt – mochte Chefredakteur Günter Hammer seinen Lesern nicht mitteilen. »Das glaubt uns doch kein Mensch«, sagte er in der Redaktionskonferenz, »das hält doch jeder für eine Solidaritätsaktion der IG Bau, Steine, Erden mit den streikenden Metallern.«
Die Bedenken des Chefredakteurs waren so abwegig nicht. Der Arbeitskampf in der eisenschaffenden Industrie von Nordrhein-Westfalen, Bremen und Osnabrück wird von einer breiten Solidaritätswelle getragen, die sich auf vielfältige Weise darstellt. Da ist zum Beispiel der Wirt im Mülheimer Streiklokal »Zur Grenze«, der für Streikende Bier und Korn zum Vorzugspreis von 1,20 Mark ausschenkt. Oder die Rentner-Band eines Dortmunder Seniorenheimes, die auf ihre Gage für einen Auftritt verzichtete und das Geld den streikenden Metallern schickte. Oder der Bundesligaverein »MSV Duisburg«, der für streikende oder ausgesperrte Fußballfans die Preise runtersetzte. Die Solidarität vor allem im Ruhrrevier kennt kaum Grenzen – ob man nun die Helfer nennt, die den Streikposten am Tor 1 des Mannesmann-Stahlwerks in Duisburg-Huckingen dampfende Suppe, heißen Kaffee und Schnaps vorbeibringen, oder die Mitarbeiter der Hoesch-Betriebskrankenkasse, die das für ei-

nen Betriebsausflug gesammelte Geld der örtlichen Streikleitung schickten.
Bei aller Hilfsbereitschaft und Spendenfreudigkeit – die Streikfront wäre womöglich schon abgebröckelt, wenn nicht die Frauen der betroffenen Stahlkocher gezeigt hätten, daß sie – trotz finanzieller Einbußen – hinter ihren Männern stehen. »Der Streik wird mit den Frauen gewonnen oder verloren«, sagte eine DGB-Funktionärin bei einem Treffen von Stahlarbeiterfrauen in Dortmund und erinnerte an einen 66 Jahre zurückliegenden Bergarbeiterstreik, der daran gescheitert war, daß die Frauen ihre Männer zurück in die Kohlegruben geschickt hatten.
Beim Stahlstreik '78 ist die Situation ganz anders. In Dortmund wurden Briefe von Stahlarbeiter-Frauen verteilt, in denen es hieß: »Wir Frauen vom Hüttenwerk Phoenix sagen, unsere Männer haben recht.« In der »Buerschen Zeitung« erschien eine Anzeige mit dem Text: »Wir Gelsenkirchener Frauen unterstützen den gewerkschaftlichen Kampf der Stahlarbeiter für die Einführung der 35-Stunden-Woche.« Und in Dortmund bei einem Streik-Familientreffen von Hoeschianer-Ehefrauen schwor man sich bei Kaffee und Butterkuchen: »Wir halten durch bis zum Sieg.«

Dabei beginnt der jetzt 25 Tage alte Arbeitskampf für viele Familien der rund 80000 Streikenden und Ausgesperrten allmählich bitter zu werden. Ende dieses Monats wird die IG Metall erstmals in diesem Arbeitskampf Streikgelder auszahlen, wobei jedes Gewerkschaftsmitglied pro Woche das Zwölffache seines Monatsbeitrags sowie einen Ehezuschlag von 12 Mark und bei mehr als dreijähriger IG-Metall-Zugehörigkeit ein Treuegeld von 24 Mark bekommt. Wer stets seine Beiträge pünktlich und in der geforderten Höhe – ein Prozent des Bruttolohnes – gezahlt hat, kommt im Schnitt auf seinen normalen Monatsverdienst oder bleibt knapp darunter. Wer hingegen zu wenig abgeführt hat, muß nun große Einbußen verkraften – bis zu 600 Mark. Nichtorganisierte sind am schlechtesten dran: Für sie bleibt nur die Sozialhilfe.
Willi Pfarrer, Reparaturmaurer im Hochofenbetrieb bei Thyssen-Niederrhein in Oberhausen (TNO), zählt zu jenen, die immer korrekt gezahlt haben. Seitdem er am 2. Dezember zusammen mit etwa 7000 Kollegen ausgesperrt wurde, geht er jeden Tag ins

Solidarität: Der Streik wird mit den Frauen gewonnen oder verloren

Streiklokal »Haus Wittekind« zum Stempeln. Nach der Zahl der kleinen blauen Abdrücke richtet sich später die Höhe des Streikgeldes. 17 hat er schon, für etwa 50 ist Platz auf der Karte. Willi Pfarrer hat ausgerechnet, daß ihm am Ende des Monats knapp

200 Mark fehlen werden, aber trotzdem ist er »hundertprozentig dabei« und sagt: »Das muß jetzt durchgestanden werden, da muß bei rumkommen, was wir wollen.« Und wenn er »wir« sagt, dann meint er die Kollegen von TNO, die »zu 60, 70 Prozent genauso denken wie ich«.
Jedenfalls meint er nicht so sehr die Gewerkschaftsfunktionäre, die er im Verdacht hat, daß sie am Sonntagmorgen das Angebot der Arbeitgeber – zusätzlich bezahlte Freischichten für die Nachtschichtler – am liebsten akzeptiert hätten. »Aber«, sagt Willi Pfarrer, »das konnten sie sich nicht erlauben.« In der Tat gibt es Hinweise dafür, daß Eugen Loderer und Kurt Herb am Sonntag mit den Arbeitgebern Frieden schließen wollten, aber dann angesichts der Stimmung bei den Streikenden doch zurückzuckten und sich in Mülheim nicht mehr trauten, vor der Großen Tarifkommission für die Annahme des Arbeitgeber-Vorschlags zu plädieren. Sie hätten auch keine Chance gehabt.
Die Basis der mächtigsten Einzelgewerkschaft der Welt hat sich verändert, ist aufmüpfiger, widerspenstiger gegen die manchmal allzu selbstherrliche Funktionärsherrschaft geworden. Das zeigte sich erstmals beim Gewerkschaftstag der IG Metall im September 1977 in Düsseldorf, als die Delegierten Vorstandsempfehlungen reihenweise niederstimmten. Das zeigt sich jetzt in diesem Arbeitskampf. »Was meinen Sie«, sagt der Wirt im Streiklokal »Schumacher« an der Duisburger Straße in Alt-Hamborn, »was das für eine Randale gegeben hätte, wenn die diesen faulen Zauber vom Sonntag mitgemacht hätten.« Von den hier Stempelnden – etwa 700 Mann der August-Thyssen-Hütte – wäre kein einziger in den Genuß der zusätzlichen Freischichten gekommen, denn sie alle sind keine Nachtschichtler. Willi Pfarrer empört sich gar im nachhinein: »Für so eine miese Kiste hätte sich der ganze Streik nicht gelohnt.«

Was hier zum Ausdruck kommt, ist Revier-Mentalität. Die Kumpels zwischen Duisburg und Dortmund, die hart malochen und unter schwierigen Bedingungen leben müssen, können ganz schön stur sein, wenn sie eine Sache für richtig und wichtig erkannt haben. Eher konservativ als radikal eingestellt, überlegen sie es sich dreimal, bevor sie für Streik stimmen. Aber wenn sie sich einmal dafür entschieden haben, dann soll auch »Butter bei die Fische« sein, was etwa heißt, daß es sich für sie am Ende auch ausgezahlt haben soll. Hinzu kommt noch etwas anderes: Gerade bei den alten Malochern hat sich tief eingegraben, daß sie es waren, die nach dem Krieg »die Klamotten wieder ans Laufen gekriegt« haben. Deshalb ist die Erbitterung über die von ihnen so empfundene Sturheit der Arbeitgeber so groß, deshalb wettern sie böse gegen die Aussperrung: »Wer aussperrt, gehört eingesperrt.«

Vor diesem Hintergrund wird auch verständlich, warum selbst die längst nicht mehr aktiven Rentner, die »Invaliden«, wie man im Revier sagt, mit den Streikenden sympathisieren. Da ist zum Beispiel der 72jährige Bruno Blank in der Oberhausener Arbeitersiedlung Klosterhardt, der genau weiß, wovon er redet, wenn er über die Aussperrung spricht. Vor 50 Jahren wurde er als Metallarbeiter in der Gutehoffnungshütte selber ausgesperrt – wegen der Gewerkschaftsforderung nach ein paar Pfennigen mehr Lohn. »Die Arbeitgeber«, sagt er, »haben damals schon das gleiche gesagt wie heute: daß die Forderungen nicht tragbar seien und daß sie daran kaputtgehen würden. Die sagen immer das gleiche.«

Dann holt der Bruno Blank eine Mappe mit Zeitungsausschnitten hervor, breitet sie auf dem Küchentisch aus und fängt an zu zitieren. »Festzustellen ist«, liest er aus einem Lokalblatt vor, »daß man über die Dividendenausschüttung bei der Gutehoffnungshütte recht zufrieden ist.« Er packt den Besucher am Arm und fügt hinzu: »Is' doch interessant, nich'? Das müssen Sie unbedingt in Ihren Bericht reinflechten.« Als vor ein paar Tagen in Oberhausen eine Kundgebung gegen die Aussperrung stattfand, da war Bruno Blank natürlich dabei. Obwohl schwer behindert, pilgerte er zum Großen Markt im Stadtteil Sterkrade. »Das war doch klar«, sagt er, »das war ich den Kollegen schuldig.«

(geschrieben im Dezember 1978)

Franz Rennings, Kapitän (rechts), Freund Emil (links): Die kannten sich alle und hatten noch Zeit, miteinander zu quatschen

Bernd Wagner, Kapitän auf der »Franz Haniel 15«: Fahrpausen sind hier nicht drin

Der Hafen

oder

Wie Monster die Pötte verdrängten

Jeden Morgen nimmt der alte Franz Rennings den gleichen Weg: Haustreppe runter, raus auf die Dammstraße, links den gepflasterten Weg am Segelmacher vorbei, rechts auf den Uferweg, dann wieder links ein paar Steintreppen hinunter, schließlich auf eine schaukelnde Holzbrücke, von dort eine hohe Stufe nach oben – er ist an Bord. Arme in die Seiten gestützt, die staksigen Schifferbeine breit, so steht er dann da und peilt die Lage auf seinem Schiff, der »Harmonie II«. »Gucken, ob alles klar ist«, nennt er das. An diesem Vormittag ist nicht alles klar. Blütenstaub hat die braun lackierte Kajütenwand leicht fleckig werden lassen. Als der alte Franz Rennings dies bemerkt, verfinstert sich sein Gesicht. Schmutz auf seinem Schiff – nur gut, daß der Emil morgen kommt.
Anderntags in aller Herrgottsfrühe kann man im Duisburger Hafen Ruhrort zwei alte Männer, jeder 71 Jahre alt, auf einem alten Schleppschiff schrubben und putzen sehen, daß man meinen könnte, das Boot solle für einen Schönheitswettbewerb, zumindest aber für eine lange Reise hergerichtet werden. In Wahrheit jedoch wird die »Harmonie II« weder Basel noch Rotterdam je wiedersehen. Zwar ist dieses 84 Jahre alte Schiff für die Binnenschiffahrt durchaus noch tauglich, aber seine Dienste sind kaum noch gefragt. Vorbei die Zeiten, als die »Harmonie II« mit der Kraft ihrer 800 PS Kähne mit Kohle, Erz oder Holz rheinauf oder rheinab schleppte – Familienleben an Bord, die Ehefrau als Matrose, der Neffe als Maschinist.
Nur noch Erinnerung die Tage in den fünfziger Jahren, als Rennings wochenlang von frühmorgens bis spätnachmittags das große hölzerne Steuerrad, den Haspel, in Händen hielt – so viele Aufträge hatte er. Fast schon Nostalgie die alten Photos von der »Harmonie II« und das zerknitterte Dokument, auf dem der preußische Regierungspräsident den Franz Rennings »zur Füh-

rung eines Fahrzeugs von Straßburg bis ins Meer« ermächtigte. Seit mehr als einem Jahr liegt die »Harmonie II« – von kleineren Fahrten abgesehen – fest vertäut im alten Hafen, gepflegt vom alten Franz Rennings und seinem Freund Emil, die beide nicht wahrhaben wollen, daß sich die Zukunft dieses Schiffes auf einen schrecklichen Begriff reduziert hat. Er lautet: abwracken. Ist es da nicht verständlich, daß die beiden Alten an diesem Vormittag wieder mal eifrig putzen, in der Hoffnung, daß sich das Unabwendbare vielleicht doch noch abwenden läßt?

Etwa zur gleichen Zeit, als Franz Rennings die Kajütenfenster wienert, hinter denen noch die alten Spitzengardinen hängen, drückt ein paar Kilometer stromabwärts auf der »Franz Haniel 15« Kapitän Bernd Wagner auf einen Knopf, woraufhin sich der Führerstand lautlos nach oben schiebt. Wagners bequemer Sessel ist jetzt so hoch, daß er ohne Schwierigkeiten die Hebel, Knöpfe und Kontrolleuchten sehen und erreichen kann, die auf einer für den Laien schier unübersehbaren Schalttafel vor, neben und über ihm angeordnet sind. Das Cockpit eines großen Jets fällt einem ein oder auch der Tower eines Flughafens – nicht nur wegen der Radarantenne, sondern auch wegen der seitlich abgeschrägten gläsernen Kuppel, die hier allerdings nicht den Blick auf ein Flugfeld, sondern auf riesengroße, schwimmende Wannen freigibt.
Diese bis oben hin mit Erz aus Brasilien und Mauretanien gefüllten Behälter, Schubleichter genannt, werden von einem 5000 PS starken Schubboot durch den Rhein von Rotterdam nach Ruhrort geschoben. Ein Wahnsinnsgefährt, das da unterwegs ist: 188 Meter lang, pflügt es langsam durch den Rhein, gelenkt von Kapitän Wagner, der dazu mit der rechten Hand eine kleine Scheibe dreht, den Ruderautomaten, der nicht größer ist als der Einschaltknopf eines Küchenherds. So ein Monstrum zu führen – das ist Nervensache. Noch ein paar Stunden, dann wird Wagner abgelöst. Zwei komplette Besatzungen sind an Bord, die sich im Schichtdienst abwechseln, denn Fahrpausen sind hier nicht drin. Die »Franz Haniel 15« fährt rund um die Uhr.
In Ruhrort angekommen, werden die beladenen Schubleichter abgekoppelt und gegen leere ausgetauscht. Das dauert etwa zwei Stunden. Danach fährt man wieder zu Tal nach Rotterdam, wo nun umgekehrt die leeren Leichter dagelassen und die vollen mitgenommen werden. Und so geht das ständig hin und her, unun-

terbrochen – im sogenannten Continue-Verkehr. Der Franz Rennings damals, der ging mit seiner »Harmonie II« vor Anker, wenn es dunkel wurde. Bei Nebel sowieso. Die »Franz Haniel 15« fährt immer, auch wenn die Sichtweite nur einen Meter beträgt. Die »Harmonie II« brauchte vier bis fünf Tage, um 3000 Tonnen Erz von Rotterdam nach Duisburg zu schleppen. Die »Franz Haniel 15« schafft die gleiche Strecke mit 11000 Tonnen Erz in 23 Stunden. Der Franz Rennings ist ein alter Ruhrorter, aufgewachsen in einer Schifferfamilie. Wagner ist Bayer aus Deggendorf, ein nüchterner Nautiker, der sein Schiff nicht liebt, sondern so sieht wie ein Programmierer den Computer.

Rennings und Wagner, die »Harmonie II« und den »Franz Haniel 15« – sie spiegeln einen beispiellosen Strukturwandel in der deutschen Binnenschiffahrt ebenso wie in der Massengüter-Industrie, der nirgendwo so deutlich wird wie in den Duisburg-Ruhrorter Häfen, dem größten Binnenhafen-System Europas.
Beispiel: die Güter. Zu Beginn des Jahrhunderts fast ausschließlich Umschlagplatz für die im Ruhrrevier abgebaute Kohle, hat heute das zur Stahlerzeugung benötigte Erz die Spitzenposition der Umschlag-Tabelle eingenommen. Mit zehn Millionen Tonnen jährlich liegt es weit vor der Kohle, die schon einmal auf zwei Millionen runter war, jetzt wieder viereinhalb Millionen erreicht – aber auch das ist nur noch ein Fünftel der Menge, die in den zwanziger Jahren in Ruhrort umgeschlagen wurde.
Während es auf der Kohleninsel, wo die großen Verladeanlagen wie schwarze Dinosaurier die Kohle durch einen schwenkbaren Rüssel in die Verladeräume der Schiffe speien, ruhiger geworden ist, hat der Betrieb auf der benachbarten Ölinsel immer mehr zugenommen. Parallel zum Niedergang der Kohle wuchs die Bedeutung der Mineralölprodukte, wurden die Tank-Batterien von Esso und Shell immer länger und kompakter. Wieder ein Hafenbecken weiter die Schrottinsel, wo sich der Schrott aus ganz Europa zu einem gigantischen Berg auftürmt, überragt nur von einem grünen Ungetüm, einem »Shredder«. Er kann – etwa so wie ein Eierschneider ein Ei – ein Auto in einer Minute in kleine Stücke zerteilen.
Beispiel: die Schiffe. Der 1716 entstandene Hafen, der seine Bedeutung auch seinem idealen Standort am Schnittpunkt von Rhein, Ruhr und Rhein-Herne-Kanal verdankt, hat schon viele

Schiffstypen gesehen: Da waren, Anfang des vorigen Jahrhunderts, die Rheindampfer aus Holz, dann folgten die klassischen Seitenräderboote, kohlebefeuert und mit dicken, hohen Schloten, von denen eines erhalten und unterhalb der Schifferbörse im alten Hafen als Museumsschiff verankert wurde: die »Oscar Huber«, sozusagen die Urgroßmutter jener Schubschiffe, die, leistungsstark und extrem belastbar, heute die Schwerstarbeit im Binnentransport übernommen haben – so wie die »Franz Haniel 15«.

Dazwischen aber lag jene Phase, die den Duisburger Hafen wohl am meisten geprägt hat: die Zeit der Schleppschiffahrt. Das war auch die Hochzeit der Partikuliere, wie man die Schiffsführer nennt, die selber bis zu drei Schiffe besitzen, kleine Reeder gewissermaßen. Eine stolze Gilde war das damals, Kapitäne, die sich ihres Wertes in der Binnenschiffahrt bewußt waren und den Transportverkehr auf den Binnengewässern voll im Griff hatten. 1950 gab es in der Bundesrepublik 911 solcher Schlepper, die mit bis zu sieben Transportkähnen im Schlepptau auf den deutschen Wasserstraßen das Bild beherrschten. Keiner ahnte, daß es 28 Jahre später nicht einmal mehr ein Drittel davon geben würde. Niemand auch, der die Rasanz vorausgesagt hätte, mit der sich die Binnenschiffahrt von nun an entwickeln sollte.

In den Fünfzigerjahren nämlich ging es noch recht gemütlich zu. Das war die Zeit, als die Schleppzüge bei Einbruch der Dämmerung vor Anker gingen, als die Schleppkähne manchmal tagelang warten mußten, bis sie vom Schlepper abgeholt wurden. Und dann lagen sie am Duisburger Rheinufer vor Anker – an den traditionellen Liegeplätzen »Luftball« und »Schreckling«, und ihre Besatzungen vertrieben sich die Zeit mit gegenseitigen Besuchen und improvisierten Festen. Der katholische Pastor Johannes Küppers, der zehn Jahre lang im Duisburger Hafen Dienst tat, erinnert sich: »Da gab es noch Kontakt unter den Schiffern, die kannten sich alle und hatten noch Zeit, miteinander zu quatschen.« Und die Ruhrorter Pfarrkirche Sankt Maximilian, die war sonntags nicht weniger dicht gefüllt als am Samstagabend die Schifferkneipen »Börsenstuben« oder »Dammhaus«.

Damals machte auch der Lebensmittelhändler Hermann Alefs noch ein gutes Geschäft im Hafen. Bei den langen Liegezeiten der Schiffe hatte er keine Schwierigkeiten, die Waren loszuwerden, die er auf seinem Proviantboot mit dem Namen »Lisa« her-

umfuhr – Brot und Bier, Zahnpasta und Zeitungen, Schnürsenkel und Rasierapparate. Wenn er mit seiner »Lisa« angerauscht kam, mit bimmelnder Glocke und bellendem Hund, dann wurde er meist schon erwartet – von der Schiffersfrau an der Reling, die ihm Korb und Bestellzettel rüberreichte. Kurzes Schwätzchen, kleiner Schnack – die gute, alte Schifferzeit.
Doch dann, Ende der Fünfziger-, Anfang der Sechzigerjahre, kamen die Schubschiffe auf, und eine neue Ära begann, die vor allem erst mal mit der Vergangenheit aufräumte. Es kam zu einer großangelegten »Abwrackaktion«. Man versuchte, Überkapazitäten und veralteten Transportraum loszuwerden und den neuen Schubschiffen (Hafenjargon: ›Schuber‹) Platz zu machen. Hohe Abwrack-Prämien wurden gezahlt. Die Folge: Bis heute sind 881 Schleppkähne und 367 Schlepper von der Wasserfläche verschwunden. Die Haniel-Reederei stieß Anfang der Siebzigerjahre ihre Schleppschiff-Flotte ab und deckte sich statt dessen mit sieben Strecken-Schubbooten ein. Die in Duisburg ansässige »Partikulier-Transport-Genossenschaft« (PTG) führt heute noch zehn Schlepper, darunter die »Harmonie II« von Franz Rennings.
Für viele der einst so stolzen Partikuliere bedeutete diese Entwicklung das traurige Ende einer großen Zeit. Abwracken – das war für sie eine Tragödie, eine »Trennung von etwas, das zum eigenen Ich gehörte, nur vergleichbar mit einem Bauern, der von seinem Hof muß« (Hermann Jäger von der PTG). »Gelitten haben die alle, die abwracken mußten«, sagt Pfarrer Küppers, »wer aufhören mußte, der verlor echt ein Stück Heimat.« Und sein evangelischer Kollege, der Duisburger Schifferpastor Wilhelm Künzel, weiß: »Viele der Alten vereinsamen.« Das einzige, was ihnen hilft, ist die Erinnerung. Und so sieht man sie denn tagtäglich unten am Rhein auf den Bänken sitzen und die vorbeifahrenden Schiffe beobachten. »Kennze den Kahn noch?« hört man sie dann sagen oder: »Den Pott, den kannze vergessen.«

Indes hat die neue Entwicklung nicht nur die Alten getroffen, vielmehr hat sie die ganze soziologische Struktur des Hafens und der dort arbeitenden Menschen verändert. Heute ist der Hafenbetrieb schnell und hektisch. Die durchschnittliche Liegezeit der Schiffe beträgt nur noch sechseinhalb Stunden, auf den Schubschiffen wird im Schichtdienst gearbeitet, zwanzig Tage Einsatz,

Franz Rennings, Kapitän: Wenn jemand einen Auftrag hat, dann hole ich den Emil, und in einer halben Stunde sind wir reisefertig

zehn Tage frei, dauernder Wechsel des natürlichen Lebensrhythmus – Seelsorger Küppers im Hafen weiß, »wie viele Ehen dadurch kaputtgehen und wie groß die Gefahr der Frühinvalidität bei diesen Schiffern« ist.
Pastor Künzel, der mit seinem Kirchenschiff »Johann Heinrich Wichern« durch die Hafenbecken kreuzt, sorgt sich noch um etwas anderes: um die »zunehmende Isolierung« der Schiffer, »die bei dem heutigen Tempo der Binnenschiffahrt kaum noch Kontakte halten können«. Er weiß: »Für viele haben sich die Lebensäußerungen auf Arbeiten, Essen, Trinken und Schlafen reduziert, und für ihre sexuellen Bedürfnisse suchen sie die entsprechenden Etablissements auf.« In dieser Situation vermeidet Künzel alles, was nach frommen Sprüchen klingt. Statt dessen bietet er sich an – als »Partner zum Reden«, als einer, »der einfach da ist« und das Haus der Schiffergemeinde auch für die offenhält, »die sich gerade mal den Arsch vollgesoffen haben«.

Kein Zweifel: Die Zeiten, als die Binnenschiffahrt auch noch lustig war, sind längst vorbei. Das merkt man sogar an der Zahl der Ruhrorter Kneipen: Einst waren es 170, ein knappes Drittel ist übriggeblieben, und auch denen geht es mangels Kundschaft mehr schlecht als recht. Und der Herr Alefs hat auch nur zu klagen – über die Schubschiffe, die mit eigenem Koch und bis oben gefüllter Tiefkühltruhe ausgestattet sind. Nein, es macht wirklich keinen Spaß mehr, Lebensmittelverkäufer im Hafen zu sein, wenn sogar die einfachen Gütermotorschiffe schon Kühlschränke an Bord haben, die sie vor Fahrtbeginn natürlich mit Vorräten vollpacken.
Und so denken denn viele im Duisburger Hafen etwas sehnsüchtig an die vergangenen Zeiten, nur die Manager der Duisburg-Ruhrorter Hafen AG nicht. Die haben nämlich im letzten Jahr mit einem Umschlag von 25,7 Millionen Tonnen das beste Ergebnis seit langem erzielt. Den Franz Rennings freilich kümmert der Aufschwung wenig. Er pflegt verbissen seine »Harmonie II« und hegt insgeheim immer noch ein bißchen die Hoffnung, daß er wieder ins Geschäft kommen könnte. »Wenn jemand einen Auftrag hat«, sagt er, »dann braucht er sich bloß bei mir zu melden. Dann hole ich den Emil – und in einer halben Stunde sind wir reisefertig.«

(geschrieben im Juli 1979)

Die Berufsschule

oder

Mühseliges Feilen an einer Lebenschance

Montag. Angelos Kommentar ist kurz und bündig: »So 'n Kack.« Holger mault verdrossen: »Dat is doch Scheiße.« Uwe murrt: »Da kannze ja gleich Rente beantragen.« Darüber müssen die anderen in der Klasse 7 der Oberhausener Hans Sachs-Berufsschule zwar lachen, aber dennoch sind sie sauer über das, was ihnen ihr Lehrer Siegfried Sill soeben angekündigt hat: daß nämlich das Berufsvorbereitungsjahr – kurz: BVJ –, das sie gerade absolvieren, möglicherweise um sechs Monate auf anderthalb Jahre verlängert wird. »Also Leute«, sagt Sill mit bedauerndem Achselzucken, »mit dem Arbeiten im September, das wird wohl nichts – außer bei denen, die bis dahin eine Lehrstelle haben.« Aus der hinteren Bankreihe tönt es schrill zurück: »Wie soll'n wa die denn kriegen?«

In der Tat: Wem könnte das schon gelingen in dieser Klasse, die sich aus solchen Jugendlichen zusammensetzt, deren Problem ja gerade darin besteht, daß ihnen bislang keine Firma einen Ausbildungsvertrag geben wollte? Was sollte ihre Hoffnung auf eine Lehrstelle nach den vielen vergeblichen Bewerbungen noch nähren? Woraus könnte sich die Energie speisen, die man für eine Lehrstellensuche heutzutage braucht – etwa aus der traurigen Erfahrung, daß Lehrherren in aller Regel abzuwinken pflegen, wenn das Wort »Sonderschule« fällt? Im »BJV, Klasse 7« sitzen nur ehemalige Sonderschüler.

Noch vor zwei Jahren wären diese 17 Jungen und das eine Mädchen nach der Schulzeit irgendwo als Jungarbeiter gelandet, ungelernt, schlecht bezahlt und mit der Aussicht, stets als erste Opfer von Rationalisierungen und konjunkturellen Schwankungen zu werden. Den Versuch, diesen vorprogrammierten Anschluß ans Heer der Arbeitslosen zu stoppen, unternahm 1977 der nordrhein-westfälische Kultusminister Jürgen Girgensohn

(SPD) mit einem Gesetz. Es verpflichtet alle Jugendlichen, die nach Beendigung ihrer Schulzeit keinen Lehrvertrag erhalten, zu einem Berufsvorbereitungsjahr. Fünfmal in der Woche wollte man sie ganz gezielt fordern und fördern, ihre Aussichten auf einen qualifizierten Beruf vergrößern. Eine Chance für die Schwächsten der Schwachen.
26000 nordrhein-westfälische Jugendliche, die im letzten Jahr am Lehrstellenmangel scheiterten und entweder als billige Hilfskräfte ausgebeutet oder arbeitslos geworden wären, konnten auf diese Weise noch einmal in die Schulen geholt werden. Im Düsseldorfer Kultusministerium ist man sehr stolz auf diese Zahl, die ja tatsächlich recht imponierend ist, wenn man nichts weiß von den vielen Nöten und Schwierigkeiten, die sich in fast allen BVJ-Klassen täglich darstellen – so wie an diesem Montagmorgen in der Oberhausener Hans Sachs-Berufsschule im Zimmer 263, wo Lehrer Sills Schüler sitzen.

Vier Jungen fehlen. Darunter ist auch wieder der 16jährige Volker, der in den ersten fünf Monaten dieses BVJ bereits 120 Stunden geschwänzt hat. Seine Mutter versichert, sie schicke ihren Sohn jeden Schultag morgens um 7.15 Uhr aus dem Haus. Aber statt in die Schule zu gehen, treibt er sich meistens in der Stadt herum. Er sagt: »Auf Unterricht hab' ich keinen Bock.« Und dann ist da auch noch ein anderer namens Jürgen, von dem Sill sagt: »Den habe ich insgesamt erst dreimal in der Klasse gesehen.« Er könnte solche Jungens von der Polizei holen und in die Schule bringen lassen, aber Sill weiß, daß er damit in der Klasse ein Klima schüfe, in dem Vertrauen noch weniger gedeiht und der Wille zur Mitarbeit vollends verkümmert.
Die Basis, auf der hier Unterricht gemacht werden soll, ist labil in jeder Hinsicht, denn das bisherige Leben dieser jungen Leute ist geprägt durch häusliche Probleme, schulische Schwierigkeiten und Ablehnung bei der Lehrstellensuche. Dem 16jährigen Jörg beispielsweise, Sohn eines Rentners, sagte man beim Arbeitsamt, er solle »als Arbeiter gehen, denn eine Lehre schaffst du sowieso nicht«. Jochen, 16, mühte sich nach der Entlassung aus der Sonderschule um eine Lehrstelle als Kraftfahrzeugmechaniker, aber der Meister, bei dem er sich vorstellte, winkte ab: »Einen Hilfsschüler kriege ich bei der Innung nicht durch.« Und für Herbert, 18, der keinen Kontakt zu seinen Eltern hat und im Kolpingheim

lebt, kam der Schock in einer Schreinerwerkstatt: Als er vom Meister erfuhr, daß keine Lehrstelle mehr frei sei, »da kamen mir ehrlich gesagt ein bißchen die Tränen, ich hatte mich schon so unwahrscheinlich gefreut«.
Zwei sind in der Klasse, die schon einmal eine Lehrstelle hatten: Uwe bei einem Friseur, Michael bei einem Metzger. Michael brach nach einer Woche von sich aus ab, nachdem er jeden Tag auf dem Schlachthof Därme hatte auswaschen müssen. Uwe wurde nach ein paar Wochen mangels Eignung nach Hause geschickt. Belastet mit solchen Mißerfolgserlebnissen, mutlos geworden, längst daran gewöhnt, am Rand der Gesellschaft zu stehen, können sie das BVJ kaum als Chance begreifen. Im Gegenteil: Für sie stellt es sich als zusätzliche soziale Diskriminierung dar, als ein lästiges Übel, das sie davon abhält, schnell Geld zu verdienen. Uwe sagt neidisch: »Die Kollegen, die arbeiten, die können sich schon allerhand leisten.«
So war es von vornherein eine Gemeinschaft von Unglücklichen und Unzufriedenen, die sich im September vergangenen Jahres im Klassenraum 263 zusammenfand und dort auf einen jungen Lehrer traf, einen Studienrat, den man dafür ausgebildet hatte, junge, frische Menschen für die Leistungsgesellschaft zu trimmen. Hoffnungslosen wieder Mut zu machen – das war eine Aufgabe, die sich ihm bislang kaum gestellt hatte. Das Leistungsniveau schwacher Schüler zu finden – dafür brauchte er seine Zeit. Sill gibt offen zu: »Anfangs hatte ich enorme Schwierigkeiten.« Inzwischen weiß er von den Ängsten und Nöten dieser Schüler. Er kennt ihre Empfindlichkeiten, die beispielsweise aufbrachen, als sie sahen, daß auf ihren Aufnahmekarten das Wort »Sonderschüler« unnötigerweise unterstrichen war.
Unterricht in der klassischen Form, Wissensvermittlung nach bewährtem Muster konnte hier nicht die Aufgabe sein. Die Ziele lauten anders: Interesse wecken, Lebenshilfe leisten, motivieren. Häufig Abwechslung, viele praktische Übungen, wenig Theorie – das ist die Leitlinie, an der sich Sill entlangbewegen muß, denn er weiß: »Die Konzentrationsfähigkeit ist gering, mehr als zwanzig Minuten Theorie ist nicht drin, da flippen die total aus.« So beläßt er es an diesem Tag im Fach Technologie bei einer kurzen Besprechung eines pneumatischen Versuchs, um die Schüler möglichst schnell an die Lehrstände zu schicken, wo sie in Zweiergruppen eine Schaltung mit einem Schnellentlüftungsventil

bauen sollen. Ein einziges Team schafft es ohne Hilfe. Sill: »Prima, das habe ich auch von euch erwartet.« Aber er lobt auch die anderen, bei denen er zuvor so oft helfend eingreifen mußte, bis sich schließlich an jedem Lehrstand der Kolben zischend vor und zurück bewegt. Er sagt: »Es ist ganz wichtig, daß so etwas mit einem Erfolgserlebnis endet.« Nach dem Unterricht kommt Herbert zu Herrn Sill und bittet ihn um Hilfe bei der Suche nach einer Dachdeckerlehre. Ob er denn schon bei Firmen gefragt habe, will Sill wissen. »Nein«, sagt Herbert, »mir fehlt noch der Mut dazu.«

Freitag. Auf dem Stundenplan steht praktischer Unterricht. Nur acht Schüler sind gekommen. Drei versammeln sich bei Werkstattlehrer Anders, der »Grundfertigkeiten« im Fach Bau vermittelt, fünf finden sich bei Metallfachlehrer Ewald ein. Anders als oben im Klassenraum macht sich hier an den Schraubstöcken, Drehbänken und Bohrmaschinen sehr schnell Arbeitsatmosphäre breit. Holger, normalerweise leicht ablenkbar, hantiert ernst und ganz konzentriert an der Drehbank. Frank, der sonst für fast jeden Unsinn zu haben ist, bohrt mit größter Sorgfalt Löcher in Metallplatten. Und auch Christiane, die oft uninteressiert und fast apathisch wirkt, feilt eifrig an kleinen Metallstäben.
Die auffällige Verwandlung bestätigt die These des BVJ-Abteilungsleiters Armin Jäckel, »daß wir nur Erfolg haben können, wenn unser Unterricht in konkrete, realitätsnahe Projekte eingebunden ist«. Die Stücke, welche die fünf Schüler in der Metallwerkstatt bearbeiten, stellen nämlich nicht irgendwelches Spielmaterial dar, das später weggeworfen wird. Vielmehr sind es Einzelteile für zehn Go-Karts, die in Zusammenarbeit mit anderen BVJ-Klassen für den Verkehrsübungsplatz einer Schule sozusagen in Auftragsarbeit hergestellt werden. Das ist eine Aufgabe, die das Selbstwertgefühl der Schüler hebt, die ihnen zeigt, daß man sie ernst nimmt und daß sie hier nicht in einer »Kinderverwahranstalt« sind, wie der Hausmeister gelegentlich spöttelt.
Diese Art von Unterricht scheint überdies die einzige Chance zu bieten, auch im theoretischen Bereich ein paar Defizite abzubauen. Denn wer zehn Go-Karts baut, der muß natürlich zuvor kalkulieren, die Menge des benötigten Materials berechnen, Geschäfte aussuchen, Preise vergleichen, Rabatte verlangen. Auf

dieser Schiene wird man denn auch weitermachen. Stereoboxen sollen demnächst gebaut werden, danach soll ein Kanuprojekt folgen mit allem, was dazugehört – vom Bootshaus bis zum Anhängerwagen. Wie weit man mit solchen Anreizen kommen kann, hat sich im Unterricht von Lehrer Ewald schon gezeigt: Als er vor Weihnachten in einer Stunde einmal darüber klagte, daß er an diesem Tag das erste Go-Kart-Modell noch ganz allein fertigbauen müsse, kamen Angelo und Frank am Nachmittag noch einmal freiwillig in die Schule zum Helfen.
Freilich bleibt es ein mühsames Unterfangen, die Schüler immer wieder zu motivieren und sie bei der Stange zu halten. Ewald weiß aus Erfahrung: »Wenn die lange arbeiten, ohne daß sie ein Ergebnis sehen, dann verlieren sie den Mut.« Und wenn gar mal einer angeraunzt wird wie an diesem Tag im Parallelunterricht bei Baulehrer Anders der Schüler Volker, dann sind Resignation und Aggression mit Sicherheit die Folge. »Leck mich doch«, murmelt er, holt seine Jacke aus dem Schrank und geht. Bei fast allen ist das Selbstbewußtsein so gering, daß sie schon vom kleinsten Dämpfer umgeworfen werden. Ewald: »Wenn's nicht gleich klappt, dann sind die oft regelrecht erschlagen und könnten alles in die Ecke schmeißen.«
An diesem Tag hat es geklappt. Ewald packt zehn Achsschenkel, zehn Bolzen und andere Einzelteile in eine Kiste. Wie selbstverständlich räumen die Schüler auf und fegen die Metallspäne vom Boden. In der Nachbarwerkstatt, bei Lehrer Anders, steht der 16jährige Jörg andächtig vor seinem Vogelhäuschen, das er an diesem Tag fertiggestellt hat. Es ist sehr schön und akkurat geworden und hat ein spitzgiebeliges, mit einer Schilfmatte bedecktes Dach. »Darf ich es mit nach Hause nehmen?« fragt er. Er darf.

Montag. Elternsprechtag. Nur zwei Väter und zwei Mütter nützen die Chance, mit Klassenlehrer Sill über ihre Kinder zu sprechen. Die Mutter von Jörg und der Vater von Michael sind nur gekommen, um sich danach zu erkundigen, ob ihre Söhne bald arbeiten können. In Jörgs Familie, wo es noch vier weitere Kinder gibt, darunter zwei arbeitslose Arzthelferinnen, sähe man es nämlich gerne, wenn der Junge endlich Geld verdienen würde. Am 1. April könnte er als Saisonarbeiter im städtischen »Kaisergarten« anfangen – »wenn ich ihn freikriege«, sagt die Mutter, eine Reinemachefrau. Sill muß sie enttäuschen. Einen Antrag auf Befreiung werde der Regierungspräsident nur in einem sozialen Härtefall genehmigen.

Längst ist Sill zu einem energischen Verfechter der Interessen seiner BVJ-Schüler geworden – gelegentlich auch gegen die Eltern. »Natürlich ist das keine Elite«, sagt er, »aber die haben auch Fähigkeiten, die man fördern kann.« Er hilft ihnen, soweit er kann, vermittelt Firmenadressen, erkundigt sich nach Lehrstellen und sträubt sich gegen den Weg des geringsten Widerstands: »Ich würde niemanden fürs Fließband empfehlen, selbst wenn ich wüßte, daß er da seinen Mann stehen könnte.« Hochgespannte Hoffnungen hat er nicht mehr, dafür peilt er kleine, realistische Ziele an. Er sagt: »Wenn von diesen 18 Schülern fünf eine Lehre anfangen und zwei sie durchstehen, dann ist das sehr viel.«

(geschrieben im Januar 1979)

Die Kolonie

oder

Wenn wa raus müssen, gehn wa ein

Willi Wittke ist 72 Jahre alt, und er hat Staub in der Lunge. »Staub 2 B« hat der Arzt festgestellt – das ist zuwenig für eine Zusatzrente, aber zuviel fürs Wohlbefinden. Kein Wunder, daß Willi Wittke sagt: »Morgens, da muß ich erstma raus ausse Bude und anne Luft.« So richtig frisch ist sie hier in Oberhausen-Eisenheim zwar nur selten, weil es oft herüberweht von der Kokerei Osterfeld. Aber für Willi Wittke ist sie trotzdem eine Wohltat. Denn 44 Jahre war er viel Schlimmeres gewöhnt: So lange hat er als Hauer unter Tage »Kohle gekloppt«, wie die Kumpels im Revier sagen. 1921, als er zum erstenmal in den Pütt der Zeche »Osterfeld« einfuhr, da bekam er 7,35 Mark für acht Stunden Maloche. Unter Hitler mußte er sogar sonntags ran. »Im Krieg«, sagt Wittke, »da warste der treueste Sohn des Volkes.«
Später, in den sechziger Jahren, wurde das anders; da kam dann immer öfter der Deckel auf'n Pütt, wie man im Ruhrgebiet die Schließung einer Zeche nennt. Zehntausende von Bergarbeitern verloren ihren Arbeitsplatz, und Willi Wittke fuhr mit den anderen Kumpels im Sonderzug nach Bonn zum Demonstrieren. Aber die härteste Kraftprobe seines harten Lebens stand ihm erst noch bevor: In der Siedlung kursierten Gerüchte, daß die 39 weit über 100 Jahre alten Häuser von Eisenheim abgerissen und durch einen modernen Neubaukomplex ersetzt werden sollten.
Willi Wittke begann sich Sorgen zu machen: Wollte man ihn auf seine alten Tage aus seiner altvertrauten Umgebung vertreiben? Aus seinem Gärtchen mit Laube und aus der Wohnung, in der er schon als Kind zu Hause gewesen und später Vater von vier Kindern geworden war? Mußte er in einem Neubau nicht viel mehr Miete zahlen als jetzt, wo er für 82 Mark monatlich recht preisgünstig wohnte? Und vor allem: Würde er nicht seine alten Freunde verlieren – den Fritz Unterberg von gegenüber, den August Kahlke von nebenan? Für Willi Wittke wie für die mei-

sten anderen Eisenheimer stand bald fest: »Wenn wa hier raus müssen, gehn wa ein.«
Und vielleicht hätten in der ältesten Arbeitersiedlung des Ruhrgebiets am Ende wirklich die Planierraupen und Bagger gesiegt, wenn nicht 1972 der Stadtplanungs-Analytiker Roland Günter mit einer Studentengruppe der Fachhochschule Bielefeld in Eisenheim erschienen wäre. Im Verlauf einer großangelegten Untersuchung über die vielfältigen Lebensqualitäten dieses Wohnquartiers wuchs bei der Projektgruppe und bei den Bewohnern der Wille zum Widerstand gegen die Abrißpläne. Aus der geplanten Dokumentation wurde eine Kampfschrift. Titel: »Rettet Eisenheim!«

So ernst war es Professor Günter mit seinem Engagement für den Erhalt der Siedlung, daß er 1974 demonstrativ zusammen mit seiner Familie in eines der abbruchbedrohten Eisenheimer Häuser zog. Der neue Nachbar von Willi Wittke wurde Berater der Kumpels, die sich inzwischen zur ersten Arbeiterinitiative des Ruhrgebiets zusammengeschlossen hatten. Die Eisenheimer Bewegung erschütterte das ganze Revier, denn von nun an bildeten sich in vielen der insgesamt 2400 historischen Arbeitersiedlungen ähnliche Initiativen. Bald waren es mehr als dreißig, die für den Erhalt der Siedlungen kämpften – für »Flöz Dickebank« in Gelsenkirchen, »Felicitas« und »Tremonia« in Dortmund, »Dunkelschlag« in Oberhausen, »Halbmond« in Bochum oder »Mausegatt« in Mülheim.
Von der Schleifung bedroht waren jene Wohnquartiere, mit denen einst die Krupp und Thyssen Arbeiter aus dem Osten angelockt hatten – etwa so: »Masuren! In rheinländischer Gegend, umgeben von Feldern, Wiesen und Wäldern, den Vorbedingungen guter Luft, liegt, ganz wie ein masurisches Dorf, abseits vom großen Getriebe des westfälischen Industriegebietes, eine reizende, ganz neu erbaute Kolonie der Zeche Viktoria bei Rauxel.«

Als die Wohnquartiere 1967 auf dem Höhepunkt der Kohlenkrise ihre Funktion als Bindemittel zwischen Kumpels und Arbeitsplätzen weitgehend verloren hatten, wurden sie rücksichtslos der Vermarktung preisgegeben. Damals vermochten die nahezu bankrotten Zechengesellschaften, die überwiegend im Besitz der

Arbeitersiedlung, Bottrop:
Beispiel für soziale Architektur

großen Stahlkonzerne waren, ihren immensen Haus- und Bodenbesitz aus jener maroden Masse herauszuretten, die in die öffentlich subventionierte Einheitsgesellschaft Ruhrkohle AG abgeschoben wurde.
Fortan betrieben die Stahlkonzerne im Revier entweder selber oder über eigens gegründete Wohnungsbaugesellschaften das gewinnverheißende Geschäft mit ihren Liegenschaften: Die Bodenpreise waren gestiegen, der Boden der Arbeitersiedlungen hatte einen erheblichen Wertzuwachs erfahren – da lag es nahe, die meist nur eineinhalbgeschossigen Kumpel-Häuschen abzureißen und statt dessen dichtgestaffelte Großwohnanlagen zu errichten.
Solche Projekte stießen bei den Städten oft auf Wohlwollen – so in Dortmund, wo zum Beispiel die Abbruchpläne für die Siedlung »Clarenberg« dem Amt für Stadterneuerung die Möglichkeit verhießen, »durch den zusammenhängenden Bodenbesitz relativ problemlos ein neues Stadtviertel hochzuziehen« (so ein Mitarbeiter). Mitunter wurden die Siedlungen auch verkauft – etwa an den Makler Kaussen, der sie in Bergkamen in »gerichtsnotorisch schamloser Weise als Renditeobjekt ausplünderte« (Günter).
Nach Recherchen der Dortmunder Architektur-Wissenschaftlerinnen Franziska Bollerey und Kristiana Hartmann wurden in den letzten zehn Jahren im gesamten Ruhrgebiet jährlich 5000 Wohnungen abgerissen (allein in Dortmund rund 800 Wohnungen pro Jahr). Daß der Kahlschlag jetzt ins Stocken kam, lag zum einen sicherlich an der wirtschaftlichen Rezession, die umfangreiche Neubauprojekte riskant erscheinen ließ. Zum anderen hatte die massive Solidarisierung der Betroffenen gegen die geplanten Veränderungen bei den Stadtverwaltungen Wirkung hinterlassen.

Mittlerweile sind es 46 Arbeiterinitiativen, die sich in einer lockeren Arbeitsgemeinschaft zusammengeschlossen haben. Verbunden sind sie durch ein dichtes Kommunikationsnetz, zu dem sogar eine eigene Zeitung gehört. Die Idee zum eigenen Kampfblatt hatte der Zukunftsforscher Robert Jungk, als er in einem zum »Volkshaus« umgebauten alten Waschhaus in Eisenheim mit den Kumpels diskutierte: »Ihr habt so viel Wichtiges zu sagen – ich glaube, ihr braucht eure eigene Zeitung.« Sagte es und stiftete einen Grundstock von 100 Mark. Sechs Monate später erschien

Arbeitersiedlung,
Duisburg: Gewachsenes
Geflecht menschlicher
Beziehungen

Kolonie Dunkelschlag,
Oberhausen: Auf kein
Wohngeld angewiesen

die erste Ausgabe des »Ruhr-Volksblatts«. Schlagzeile: »Nu isse da.«
Fortan war sie jeden Monat da: mit Berichten der Betroffenen, die sie den Redakteuren – vier Arbeitern und zwei Studentinnen – ins Tonband-Mikrophon gesprochen hatten. Auf diese Weise erfuhr man beispielsweise im Oktober letzten Jahres überall im Revier, daß Bewohner der »Rheinpreußen-Siedlung« in Duisburg eine Planierraupe »besetzt« hatten, um damit Lokalpolitiker an ihr Erhaltungsversprechen zu erinnern. Der bankrotte Baulöwe Kun, dem die Siedlung einst gehört hatte, stand dabei und zeterte: »Leute, haltet doch den Fortschritt nicht auf!«
Doch diese Art Fortschritt, so scheint es, hat im Ruhrgebiet kaum noch Chancen, zumal die Widerständler längst auf die tatkräftige Unterstützung und fachliche Fürsprache einer ganzen Reihe von Architekten und Sozialwissenschaftlern, Politologen und freien Stadtplanern bauen können.

Für Martin Einsele, Bau-Professor an der Technischen Hochschule Darmstadt, beispielsweise wird in diesen Wohnquartieren »ein Lebensstil praktiziert, der Ansätze für Strategien künftigen Überlebens in einer durch den Menschen selbst zunehmend bedrohten Welt erkennen läßt«. Nach seiner Meinung hilft die »Lebens-, Hilfs- und auch Versorgungsgemeinschaft der kleinen Zelle ›Siedlung‹ mit ihrem ausgeprägten inneren Kommunikationsgefüge, die gefährliche Isolierung der Menschen abzubauen«. Das gewachsene Geflecht menschlicher Beziehungen in diesen Siedlungen beeindruckte auch den ehemaligen Bundespräsidenten Gustav Heinemann: Eisenheim lobte er als »Beispiel für soziale Architektur im Gegensatz zur rein technisch-wirtschaftlichen Lösung«.
Und für Kumpel-Professor Günter ist die Erhaltung der Arbeiterkolonien sogar eine Art »vorsorgender Sozialpolitik«. Seine einfache Rechnung: In Oberhausen beispielsweise ist ein Drittel der Bevölkerung wegen zu hoher Mieten auf Wohngeld angewiesen, in Eisenheim aber braucht keine staatliche Miethilfe gezahlt zu werden. Außerdem können in diesen Siedlungen auch Alte und Kinderreiche leben, so daß laut Günter städtische Obdachlosen-Wohnungen oder von der Sozialhilfe bezahlte Altenheim-Plätze zumindest teilweise überflüssig werden.
Zusätzliche Unterstützung erhielten die Abbruch-Gegner von

Kolonie Dunkelschlag,
Oberhausen:
Altenheime überflüssig

Arbeitersiedlung,
Duisburg: Zum Teil
noch auf dem Stand der
industriellen Gründerphase

den Landeskonservatoren des Rheinlandes und Westfalens, die eine große Anzahl der mitunter architektonisch sehr reizvollen Kolonien unter Denkmalschutz stellten – allein in Dortmund rund dreißig. Und aufgeschlossen zeigen sich nun endlich auch die Politiker, nachdem sie jahrelang das Problem verkannt und wohl auch den sich aufstauenden Unmut der rund eine Million Siedlungsbewohner unterschätzt hatten. Bestes Beispiel für den Sinneswandel war der vor genau einem Jahr von der Stadt Gelsenkirchen veranstaltete Kongreß »Erhaltung von Arbeiter-Siedlungen«, bei dem es eigentlich schon nicht mehr darum ging, ob erhalten, sondern wie modernisiert werden kann.
Renovierung ist in der Tat dringend erforderlich, denn die Siedlungen sind in ihrer sanitären Ausstattung zum Teil noch auf dem Stand der industriellen Gründerphase: Wer mal muß, muß über den Hof aufs »Örtchen«; und wer eine Badewanne im Keller oder eine Dusche auf dem Speicher hat, der verdankt dies meist eigener Initiative. Viele Siedlungen, wie beispielsweise »Eisenheim«, haben bis heute noch keine Kanalisation. Investitionen erschienen den Städten nicht als lohnend, da ja landauf, landab die Kolonien auf der Abbruchliste standen.

Doch auch dies soll sich nun ändern, nachdem das nordrheinwestfälische Innenministerium in diesem Haushaltsjahr speziell für die Siedlungen 30 Millionen Mark bereitgestellt hat. An den Modernisierungskosten sollen sich auch die Besitzer beteiligen, die daran freilich nur wenig Interesse haben. Und so versuchen sie neuerdings, die Häuser zu »privatisieren«, das heißt, an ihre Bewohner zu verkaufen. Für die Bürgerinitiativen ist dies freilich eine neue Gefahr, denn Kaufpreise um 40000 Mark sind für viele Bewohner (etwa ein Drittel der Haushalte sind Rentner oder Witwer) nicht zu bezahlen. »Da ginge auf jeden Fall das Sozialgefüge kaputt«, sagt Professor Günter, »die finanziell Starken kaufen, die Schwachen bleiben auf der Strecke.«
Einer der Schwachen wäre vermutlich auch der Eisenheimer Willi Wittke. Für ihn gilt, was viele andere Kumpels im Revier auch meinen: »Die Häuser«, sagt er, »die sind doch schon lange bezahlt, die Reparaturen und wat alles so anfällt, dat ham wer doch schon immer selber gemacht.«

(geschrieben im August 1977)

Die Bewerbung
oder
Nach einem Blitzstart schnell abgeschlagen

Für die »Westfälische Rundschau« war es ein Tag fast wie Weihnachten. In aller Ausführlichkeit – im Aufmacher, auf der ersten Seite, im Leitartikel, auf der Reportagenseite, im Sport- und im Lokalteil – malte das in Dortmund erscheinende Blatt am vergangenen Donnerstag seinen Lesern eine beglückende Vision aus, die nach der Fast-Absage von Los Angeles als Ausrichter der übernächsten Olympischen Spiele »so ernsthaft wie noch nie« in den Bereich des Möglichen gerückt zu sein schien: »Olympische Spiele 1984 im Ruhrgebiet sind keine Utopie mehr.« Das Echo auf den Plan einer Revier-Olympiade sei »ebenso gewaltig wie fast hundertprozentig positiv«, meldete die Zeitung und zitierte positive Stellungnahmen gleich im Dutzend.
In der Freitagnummer war dann die olympische Euphorie schon merklich abgekühlt. Zwar war immer noch an drei verschiedenen Stellen von der Möglichkeit einer Ruhrgebiets-Olympiade die Rede, aber auch davon, daß Los Angeles noch keineswegs abgeschrieben sei. Für die lokalen Konkurrenten von den »Ruhr-Nachrichten«, die das Thema von Anfang an auf olympischer Sparflamme gekocht hatten, war die Sache am gleichen Tag gar schon erledigt: »Revier bei Olympia ohne jede Chance.« Und am Samstag war dann auch bei der »Rundschau« der Dampf raus: Das heiße Thema war auf eine einspaltige Meldung im Sportteil geschrumpft. Schon aus der Traum?

Noch ist zwar nichts entschieden, aber es scheint doch so, als zerschlüge sich für den Westen Deutschlands wieder einmal eine Chance, den Grauschleier abzuziehen und das wahre Gesicht einer Region zu zeigen, die mit Klischees und Vorurteilen belastet ist wie kaum eine andere in der Bundesrepublik. Noch immer gilt das Revier als Symbol für Tristesse und Trostlosigkeit, als Synonym für verhunzte Landschaft und inhumanen Lebensraum,

523

Baldeney-See: Deutsche Dreckecke?

als Paradebeispiel für kommunales Kuddelmuddel, als intellektuelles Entwicklungsland, als deutsche Dreckecke.
»Da riecht es«, so fand schon Heinrich Böll, »nach Ruß und Geld, nach Hütte und Kohlenstaub, nach den Abgasen und Kokereien, den Dämpfen der Chemie.« Der Schriftsteller Hans Domke sah eine Landschaft, »die ihr Unverwechselbares eingebüßt und gegen ein zernarbtes Angesicht eingetauscht hat«. Knapp 5000 Quadratkilometer Alptraumlandschaft mit sechseinhalb Millionen Menschen, die ja bekanntlich alle Kwiatkowski oder Czybulski oder so ähnlich heißen – ein Gebiet, das nach Meinung des Publizisten Horst Krüger »überaltert, erzkonservativ und sehr provinziell mitten in unserer Republik liegt, so, als gehörte es nicht dazu«.
Im Bemühen, von diesem Schreckensimage wegzukommen, entwickelten die Städte Werbestrategien, die freilich oft genug das Gegenteil des Beabsichtigten bewirkten. Da pries sich eine Stadt wie Castrop-Rauxel als »Industriestadt im Grünen«, da wurde das Blaue an den Himmel geschwindelt, Grau raus- und Grün reingezwungen. Fast neurotisch wollte man im Revier die Wirklichkeit nicht wahrhaben und proklamierte Slogans wie diesen: »Gelsenkirchen ist ganz anders, als Sie denken.« Man merkte nicht, daß mit solchen Sprüchen Assoziationen mit genau den Bildern geweckt wurden, die verdrängt werden sollten.
Dabei wäre mit realistischer Städtewerbung durchaus Boden gutzumachen gewesen, denn das Revier der Klischees und Kolportagen hat längst aufgehört zu existieren. Zwar ist die Region noch immer eine Arbeitslandschaft, aber ein Kohlenpott beispielsweise ist sie nicht mehr: In Essen, einst mit 22 Zechen und 62000 Kumpels größte Bergbau-Stadt des europäischen Kontinents, wird heute nur noch in einer einzigen Grube gefördert. In Bochum findet Grubenfahrt zwar noch statt – aber nur in den Anschauungsschacht des Deutschen Bergbau-Museums. Dafür gibt es mittlerweile vier Universitäten, knapp 60000 Studenten und eine Theaterlandschaft, die ihresgleichen sucht.
Dieser Wandel, der auch in einer einzigartigen Begrünungsaktion seinen Ausdruck fand, hat sich im Bewußtsein der Deutschen freilich noch nicht festgesetzt, wohl auch deshalb nicht, weil es an einem Ereignis fehlte, das die Blicke aufs Revier gezogen hätte. Dortmunds SPD-Oberbürgermeister Günter Samtlebe kennt das schon: »Uns schlägt man auf die Schulter und sagt, ihr seid treu

und bieder, aber bei großen Veranstaltungen, da macht man einen Bogen um uns.«

Die Möglichkeit einer Olympiade im Revier mußte deshalb zwischen Duisburg und Dortmund als bestechender, phantastischer Gedanke erscheinen – als *die* Chance, das bisher Geleistete zu präsentieren und das noch Verbesserungsbedürftige mit Bundes- und Landesmitteln in Angriff zu nehmen. Dietrich Springorum vom überkommunalen Siedlungsverband Ruhrkohlenbezirk (SVR) sah denn auch eine »einmalige Gelegenheit, das Revier aufzumöbeln«.
Wer die Idee als erster hatte, ist heute nicht mehr auszumachen, wohl aber der Zeitpunkt, da sie zum Gesprächsstoff wurde: Das war im Juni dieses Jahres, nachdem der CDU-Fraktionsvorsitzende im Essener Stadtparlament, Norbert Königshofen, die Forderung nach Olympischen Spielen im Ruhrgebiet gar in das Programm seiner Partei einbringen wollte. Fortan war »Olympia im Revier« *das* Thema an den Tresen, in den Rathäusern und sogar in Düsseldorfer Ministerien. Positive Stellungnahmen wurden gesammelt wie Trophäen, aber noch bewegte sich die Diskussion im Spekulativen. Es fehlte ein »Aufhänger«, an dem man die Forderung hätte festmachen können.
In diese Situation platzte die Nachricht, daß Los Angeles seinen Auftrag, die Spiele 1984 auszurichten, wahrscheinlich zurückgeben und die Bundesrepublik womöglich erneut als Gastgeberland in Frage kommen werde. Dortmunds Oberbürgermeister Samtlebe reagierte mit einem Blitzstart. In Briefen an Bundeskanzler Schmidt, Sportbundpräsident Weyer und den Chef des Nationalen Olympischen Komitees, Willi Daume, pries er die Vorzüge einer Revierolympiade, als da sind: die große Sportbegeisterung der hier lebenden Menschen sowie die Existenz einer stattlichen Anzahl olympiareifer Anlagen, von der Regattastrecke in Duisburg-Wedau über die Dortmunder Westfalenhalle bis zum Gelsenkirchener Parkstadion.
Das für die Ruhrgebietsmentalität ungewöhnlich kecke Vorpreschen des Dortmunder OB fand noch eine Steigerung in der Formulierung, daß eine erneute Olympiade in München als »Affront gegenüber den Menschen im Revier« angesehen werden müßte. Der OB wurde noch deutlicher: »Das ist doch wohl nicht drin, daß das jetzt wieder auf München zuläuft.« Nicht nur Prestige

und Ehrgeiz waren da im Spiel, sondern auch handfeste finanzpolitische Überlegungen, denn ein Milliardenschub von Bund und Land käme dem infrastrukturell noch immer unterversorgten Ruhrgebiet gerade recht. Was mit olympischem Druck zu erreichen war, hatte man ja 1972 in München gesehen, wo sich die Stadt auf einen Schlag ihrer ärgsten Verkehrsprobleme entledigen konnte.
Eine ähnliche Chance zu bekommen, das war das Ziel der Initiative Samtlebes, die von den meisten anderen Revierstädten mitgetragen wurde und auch im Düsseldorfer Parlament Anklang fand. In allen drei Fraktionen gab es ein positives Echo, und auch Finanzminister Diether Posser, als gebürtiger Essener selber ein Kind des Ruhrgebiets, deutete eine spendable Haltung des Landes an. »Wenn das Ruhrgebiet die Chance erhält«, sagte er, »dann soll das keine Frage des Geldes sein.«

Doch die Chancen scheinen ausgerechnet zwei Männer zunichte zu machen, die von Haus aus eigentlich eine besondere Zuneigung zum Ruhrgebiet haben sollten. Da ist einmal der in Dortmund aufgewachsene Willi Daume, aus dessen Umgebung dieser Tage verlautete, wenn für die Spiele 1984 eine Stadt der Bundesrepublik in Frage komme, dann könne dies nur München sein. Kann man bei einem Mann, der einst die als heiter geplanten Spiele im schönen München arrangierte, die klare Absage ans Ruhrgebiet noch einigermaßen nachvollziehen, so fällt dies bei dem in Hagen geborenen Willy Weyer doch recht schwer. Ausgerechnet der Sportbundpräsident, der in seiner Zeit als nordrhein-westfälischer Innenminister für das Ruhrgebiet stets etwas übrig hatte, wußte den Plan einer Revier-Olympiade angeblich nicht anders zu kommentieren als so: »Blanker Unsinn.« Oberbürgermeister Samtlebe konnte es kaum fassen: »Mensch, das sind doch alle dem Willy seine Sportstätten.«

(geschrieben im Juli 1978)

Die Industriedenkmäler
oder
Der Tod der mächtigen Zeugen

Kommst du heute an den alten Dortmund-Ems-Kanal bei Henrichenburg, findest du Weiden und andere Bäume im Kanalbett. Wasser schwappt hier schon lange nicht mehr. Wenn früher die Kohle-Schlepper diesen Punkt nördlich von Castrop-Rauxel erreichten, dann verlangsamten sie die Fahrt und tuckerten durch zwei mächtige, neoklassizistische Eingangspylone aus Stein in eine riesige Wanne aus Metall. Und je nachdem, aus welcher Richtung sie kamen, ging es dann mit mechanischen Kräften 16 Meter hinauf oder hinunter. Der Höhenunterschied wurde mit Hilfe des in seiner Art und Größe ersten Schiffshebewerks der Welt überwunden.
1899 gebaut und jahrzehntelang von Experten aus aller Welt als technisches Wunderwerk bestaunt, steht das Schiffshebewerk Henrichenburg nun seit zwölf Jahren auf dem Trockenen. Still rostet es vor sich hin – ein bizarres Ungetüm mitten in der Landschaft. Wollte man es erhalten und als Schauobjekt herrichten, so würde dies Hunderttausende von Mark kosten. Da ist es dann wohl wahrscheinlicher, daß die Anlage weiter vergammelt und eines Tages verschrottet wird – obwohl sie von Helmut Bönnighausen, dem Referenten für technische Denkmäler beim westfälischen Landeskonservator, als »Denkmal von allererstem Rang« eingestuft wird.

Das Schicksal des Schiffshebewerks Henrichenburg ist typisch für die gegenwärtige Phase in den Bemühungen um die Erhaltung von technischen Monumenten im Industrieland Nordrhein-Westfalen. Zwar haben Bönnighausen und sein rheinischer Kollege Axel Föhl Hunderte von Industriebauten als denkmalswürdig klassifiziert – Spinnereien und Webereien, Kessel- und Lagerhäuser, Schmieden und Schleusen, Förder- und Wassertürme, Getreidespeicher und Telegraphenstationen. Doch »die tatsäch-

Schiffshebewerk Henrichenburg: Technisches Wunderwerk auf dem Trockenen

lichen Erhaltungsmöglichkeiten«, sagt Föhl, »sind noch immer minimal.«
Wie schnell der Kahlschlag oft vonstatten geht, wurde Föhl und seinen Kollegen erst kürzlich wieder bewußt: In einer Dokumentation hatten sie 1500 Objekte der Technik-, Wirtschafts- und Sozialgeschichte im rheinischen Raum zusammengestellt. Doch als das umfangreiche Werk dann der Presse vorgestellt wurde, war bereits ein Drittel der aufgelisteten Bauwerke der Spitzhacke und der Planierraupe zum Opfer gefallen.
Auch bei den Kontroll-Touren durch ihre Schutzzonen sind die beiden Denkmalpfleger vor bösen Überraschungen nie sicher. Bönnighausen beispielsweise kam bei einer solchen Fahrt gerade rechtzeitig, um noch mitzuerleben, wie in Bochum ein von ihm als erhaltenswert eingestufter Wasserturm abgerissen wurde. Und Föhl ist es schon oft widerfahren, »daß ich irgendwohin komme, um mir ein Objekt anzusehen, und dann ist es gar nicht mehr da.« In solchen Fällen markiert er auf seiner Denkmalliste hinter dem betreffenden Bau ein schwarzes Kreuz.
Vor vollendeten Tatsachen standen die rheinischen Denkmalschützer auch im Fall des Essener »Krupp-Turmes«: Vom Abbruch des alten Kruppschen Verwaltungshauses erfuhren sie erst, als bereits die Stahlbirne gegen die Außenwand krachte und ein Gebäude demolierte, welches Historikern als *das* klassische Symbol wilhelminischen Unternehmertums galt. Föhl konstatiert denn auch etwas resigniert: »Wenn wir kommen, ist es oft schon fünf nach zwölf.« Und sein Chef, der rheinische Landeskonservator Günther Borchers, klagt: »Über die Römer im Rheinland wissen wir bald mehr als über die Arbeits- und Lebensverhältnisse während der industriellen Revolution.«
Die rabiaten Rodungen in der nordrhein-westfälischen Industrielandschaft sind möglich, weil es dort zwar Listen denkmalswürdiger Bauten, aber noch immer kein Denkmalschutzgesetz gibt. Föhl: »Wenn wir sagen, das ist ein Denkmal, dann braucht sich niemand darum zu kümmern.« In dem Bewußtsein, »keinerlei rechtliche Durchgriffsmöglichkeiten zu haben«, verläßt sich Bönnighausen ganz auf seine Überzeugungskraft: »Rumfahren und reden, das ist die einzige Möglichkeit.«
Oft genug freilich kommt er mit seinen Argumenten nicht an, denn das Bewußtsein für den Wert technischer Baudenkmäler ist noch immer unterentwickelt. Paul Arthur Memmesheimer,

Förderturm, Dortmund Bodelschwingh: Weniger der Denkmal- als der Schrottwert ist gefragt

Konservator im nordrhein-westfälischen Kultusministerium, hat oft genug erfahren, »wie Leute erschrocken reagieren und fragen: Was wollt ihr denn bloß mit diesen fiesen Industriesachen?« Und Bönnighausen weiß aus eigener Erfahrung: »Ein barockes Kapellchen, das braucht man bloß anzurühren, und alles schreit. Aber ein Förderturm gilt als profaner Mist, der kann weg.«

Noch bis vor wenigen Jahren, so erinnert sich Bönnighausens Vorgänger Neumann, »galt es bei den Fachkollegen als unfein«, sich mit Industrie-Architektur zu befassen. Der Bereich der technikhistorischen Bauten und Anlagen habe allenfalls dann Beachtung gefunden, so Föhl, »wenn es sich um volkskundlich-malerisch interpretierbare Wind- und Wassermühlen handelte«. Erst als die Denkmalpflege von einem idealisierenden Schönheitsbegriff Abschied nahm, gerieten auch Bauwerke aus der industriellen Revolution in ihr Blickfeld.

1970 endlich postulierte auch der Düsseldorfer Landtag seine Absicht, »in Zukunft verstärkt die Erhaltung wertvoller Bauwerke zu sichern, die für die technische und wirtschaftliche Entwicklung des Landes charakteristisch sind«. Und Wissenschaftsminister Johannes Rau beklagte 1975 bei der Eröffnung eines Kongresses von Industrie-Archäologen in Bochum: »Wer ein technisches Denkmal zerstört, zerreißt eine Seite aus der Autobiographie, die von den Menschen in vielen Jahrhunderten geschrieben wurde.«

Zerrissen waren zu diesem Zeitpunkt indes schon ganze Kapitel. Im Duisburger Hafen hatte man den über hundert Jahre alten Eisenbahn-Hebeturm und in Oberhausen die Antoni-Hütte, die älteste Eisenhütte des Ruhrgebietes, flachgelegt. Erst einmal ausrangiert, wurden solche Anlagen meist auch gleich demontiert. Weniger der Denkmal- als vielmehr der Schrottwert war gefragt.

Solches Rentabilitätsdenken ist auch heute noch das entscheidende Hindernis bei den Erhaltungsbemühungen der Konservatoren: Ihm fiel in Düsseldorf ein historisches Straßenbahndepot ebenso zum Opfer wie in Paderborn der letzte in der Bundesrepublik noch existierende Kreisschuppen für Lokomotiven, den auch Initiativen von Kultusminister Jürgen Girgensohn vor den Abbruchhämmern der Bundesbahn nicht retten konnten.

Oft genug scheitern die Rettungsversuche freilich auch am Geld. Das nordrhein-westfälische Kultusministerium hatte im letzten Jahr beispielsweise nur 600000 Mark für technische Denkmäler übrig – dabei würde allein die Restaurierung des in seiner Form einmaligen, aber baufälligen Schornsteins der Zeche »Nachtigall« bereits rund 500000 Mark kosten.

Malakoffturm der Zeche »Hannover«, Bochum: Ein barockes Kapellchen, das braucht man bloß anzurühren, und alles schreit. Aber ein Förderturm gilt als profaner Mist, der kann weg

Zusätzliche Schwierigkeiten ergeben sich meist aus der Frage der Verwendung ehemaliger Industrieanlagen: »Läßt sich für ein barockes Herrenhaus trotz heutiger Lebensgewohnheiten eine Wohnnutzung durchaus beibehalten«, sagt ein westfälischer Denkmalschützer, »so ist dies bei den Zeugen der Technikgeschichte ungleich schwerer.« Konservator Memmesheimer: »Wie will ich einen Förderturm oder einen historischen Gasometer nutzen?« Oder was könnte man hinter der architektonisch reizvollen, fast 300 Meter langen Fassade des Gebäudes der alten Zeche »Scharnhorst« in Dortmund unterbringen?

Nicht immer führen die hartnäckigen und zähen Verhandlungen von Bönnighausen zu einem so akzeptablen Kompromiß wie in Bielefeld, wo es gelang, im Hauptbau der Mechanischen Webereien ein Kaufhaus anzusiedeln. Kurzwaren werden jetzt in diesem Gebäude verkauft, das mit seinen mächtigen Flügeln und seinen Zinnen und Türmchen eher an ein Schloß denn an einen Fabrikbau erinnert. Auch bei anderen Fabrikanlagen aus der zweiten Hälfte des 19. Jahrhunderts finden sich viele Formen feudaler Wehrbauten – Dokumente des Anpassungsprozesses der bürgerlichen Industriellen an die führenden Adelsschichten.
Besonders deutlich zu sehen ist dies noch bei den sogenannten Malakoff-Türmen – so benannt nach jenem Fort innerhalb der Festung Sewastopol, das sich im Krim-Krieg als besonders widerstandsfähig erwiesen hatte. Im Ruhrgebiet bargen diese mit Zinnen, Zacken, Gesimsen und Rundbögen verzierten Türme jahrzehntelang die Förderkonstruktionen der Schachtanlagen. Zwölf Malakoff-Türme insgesamt nur haben Krieg und Modernisierungen überlebt – allesamt nach Meinung der Denkmalschützer unbedingt erhaltenswert.
Doch auch hier stellt sich die Frage: Wie sollen die mitunter nur schwer zugänglichen, in reinen Industriezonen stehenden Industriebauten genutzt werden? Wissen die Konservatoren keine Antwort, droht zwangsläufig der Abbruch – so auch beim Malakoff-Turm »Hannover I« in Bochum, obwohl gerade der für Bönnighausen besonders wertvoll ist, da hier Maschinenhaus samt Dampffördermaschine noch komplett vorhanden sind. »Wenn wir den erhalten«, sagt der Denkmalschützer, »dann könnten wir auf engem Raum die ersten 100 Jahre der Geschichte des

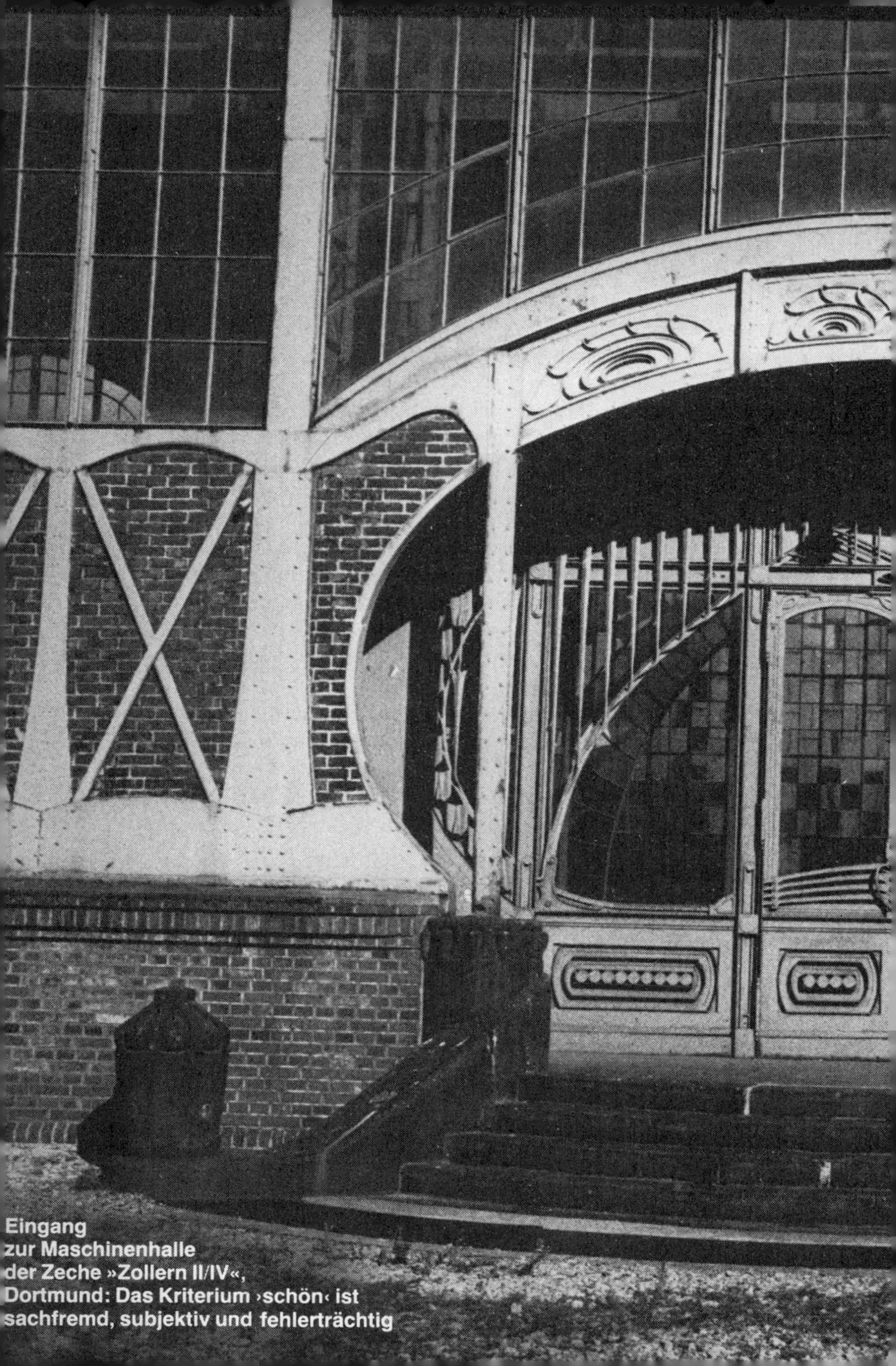

Eingang
zur Maschinenhalle
der Zeche »Zollern II/IV«,
Dortmund: Das Kriterium ›schön‹ ist
sachfremd, subjektiv und fehlerträchtig

Maschinenhalle der Zeche »Zollern II/IV«, Dortmund: Über die Römer im Rheinland wissen wir bald mehr als über die Arbeits- und Lebensverhältnisse während der industriellen Revolution

Verwaltungsgebäude
der Zeche »Zollern II/IV«,
Dortmund: Anpassungsprozeß
der bürgerlichen Industriellen
an die führenden Adelsschichten

Ruhrbergbaus vom Stollenbau bis zum modernen Großbetrieb an konkreten Beispielen demonstrieren.«
Paradestück dieser Demonstrationskette wäre zweifellos die im Dortmunder Stadtteil Bövinghausen erhaltene Zeche »Zollern II/IV« mit der nahezu unversehrt gebliebenen Maschinenhalle und der ersten elektrischen Fördermaschine der Welt. Dieser Stahlskelettbau mit seinen Jugendstil-Ornamenten, Glasmalereien und der Armaturenwand aus Marmor macht jedem Besucher sichtbar, daß Industrie-Architektur über ihren sozial- und technikgeschichtlichen Aspekt hinaus auch eine ästhetische Komponente hat. Ganz deutlich wird dies auch bei der Zeche »Westhausen« in Dortmund-Bodelschwingh.
Die Denkmalschützer, die sich selber der Wirkung dieser Formal-Äthetik oft kaum entziehen können, unterwerfen sich freilich nach außen hin strenger wissenschaftlicher Zurückhaltung. Das Kriterium »schön«, sagt ein Mitarbeiter beim westfälischen Landeskonservator, ist »sachfremd, subjektiv und fehlerträchtig«.

(geschrieben im Oktober 1977)

Anmerkung:
Mittlerweile gibt es in Nordrhein-Westfalen ein Denkmalschutzgesetz; das Schiffshebewerk wird restauriert.

Der Wahlkampf

oder

Werberummel um Aschenputtel

Kurt Biedenkopf, westfälischer CDU-Mann mit Spürsinn, roch wieder einmal den »Mief der Verfilzung« im Ruhrgebiet und forderte forsch, der müsse nun endlich durch den »Wind der Erneuerung« hinweggeblasen werden. Was bei dem Großreinemachen herauskommen soll, formulierte sein rheinischer Kollege Heinrich Köppler emphatisch so: »Das Revier der Zukunft.« Etwas später entdeckte auch der politische Gegner das Thema und gab die Parole aus: »Alle und alles für das Ruhrgebiet.« Die Notwendigkeit einer »Tendenzwende« wurde beschworen, und schließlich trat sogar der Kanzler auf den Plan, um dem Revier seine Unterstützung zuzusichern.

Was war bloß geschehen? Was um alles in der Welt machte das Aschenputtel an der Ruhr auf einmal so interessant, daß sich die Politiker mit immer neuen Forderungen nach Sonderprogrammen und Investitionshilfen, Maßnahmebündeln und Finanzpaketen gegenseitig zu übertrumpfen suchten? Wie soll man sich bloß die große Zahl der Freiwilligen erklären, die sich neuerdings drängeln, um das Revier zu retten? Ganz einfach: Es stehen Wahlen vor der Tür, vier an der Zahl – Europa- und Kommunalwahlen in diesem, Landtags- und Bundestagswahlen im nächsten Jahr.

Wer sie erfolgreich bestehen will, muß sich vor allem auf die Wähler zwischen Duisburg und Hamm konzentrieren, wo nach landläufiger Meinung noch jeder Wahlkampf gewonnen und verloren wurde. Niemand weiß dies besser als Kurt Biedenkopf, der bei der Bundestagswahl 1976 den entscheidenden Durchbruch im Revier nicht schaffte und einsehen mußte, daß das »rote Urgestein« doch zu hart für ihn gewesen war. Zäh und hartnäckig wie er ist, hat er jedoch den Kampf um die Wähler an Rhein, Ruhr und Emscher nicht etwa aufgegeben, sondern mit Ministerpräsidentenkandidat Köppler erneut zum Sturm auf die roten

Rathäuser angesetzt – so vehement und so früh, daß die Koalitionäre überrascht wurden, kaum reagierten und den Angreifern weitgehend das Feld überließen.
Diese nutzten ihren Spielraum, indem sie nahezu permanent zu suggerieren versuchten, die Landesregierung sei schuld daran, daß der »Mann an der Ruhr« krank darniederliege. Die Regierungsparteien seien nicht nur unfähig zur Diagnose und Therapie, sie hätten bereits bei der Vorsorgeuntersuchung versagt und seien nun verantwortlich dafür, daß das Ruhrgebiet »alle Anzeichen einer sterbenden Region« (Köppler) trage. Alle negativen Entwicklungen wurden pauschal auf das Konto Regierungsversagen gebucht: die hohe Arbeitslosigkeit, die im Schnitt bei 6,4 Prozent, in Gelsenkirchen und Duisburg sogar bei über 8 Prozent liegt, die immer noch zu einseitig von Kohle und Stahl bestimmte Wirtschaftsstruktur, die nach wie vor große Zahl von abwandernden jungen Menschen; zwischen 1961 und 1975 waren es 122000.
Für ihr Überrumpelungsmanöver hatten sich die Christdemokraten einen günstigen Zeitpunkt ausgesucht – nämlich die Anlaufphase des neuen Ministerpräsidenten Johannes Rau. Während dieser bedächtig und gründlich, wie es seine Art ist, eine »Regionalkonferenz Ruhr« für das kränkelnde Revier vorzubereiten begann, hob die CDU in Dortmund kurz entschlossen eine »ständige Ruhrgebietskonferenz« aus der Taufe und ließ diesem Paukenschlag anhaltenden Trommelwirbel folgen, der zuletzt auch im Düsseldorfer Landtag zu hören war: Bei den Haushaltsberatungen forderte die Opposition für das Revier ein finanzielles Sonderprogramm in Höhe von rund 700 Millionen Mark, nachdem sie zuvor die hohe Neuverschuldung des Landes heftig kritisiert hatte.
Die Koalitionsparteien lehnten das Antragspaket in allen Punkten ab und leisteten damit dem von der CDU raffiniert kalkulierten Eindruck Vorschub, als wollten sie dem Revier gar nicht helfen. Während Oppositionschef Köppler dies im Landtag weidlich ausschlachtete, verstärkte Biedenkopf den Druck von der Dortmunder Parteizentrale her, indem er Rau wieder einmal die Unfähigkeit bescheinigte, die Probleme des Ruhrgebiets realistisch zu sehen und Lösungen für die Zukunft anzubieten. Aus diesem Zangengriff hat sich die Koalition bislang nicht so recht zu lösen vermocht, weil sie in einem schwierigen Dilemma steckt.

Mit eiligen Hilfs- und Sonderprogrammen würde sie – einmal abgesehen von der Frage der Finanzierbarkeit und Nützlichkeit – dem Gegner den Beweis dafür liefern, bislang zu wenig getan, die Probleme nicht beherrscht und der Krisenentwicklung zu lange zugesehen zu haben. Untätigkeit aber wäre nicht nur der Situation völlig unangemessen, sondern würde die Regierung zweifellos noch schlimmeren Vorwürfen und Angriffen aussetzen. In dieser Zwickmühle entschied sich Rau für den zwar einleuchtenden, aber angesichts des oppositionellen Trommelfeuers und der unruhig gewordenen Parteibasis nur schwer verständlich zu machenden Mittelweg – nämlich erst einmal eine gründliche Bestandsaufnahme der Revierprobleme zu erstellen, um dann bei der Ruhrkonferenz im Mai konkrete Lösungsvorschläge zu machen.
Er werde sich, so der bedrängte Regierungschef trotzig, »durch die Hektik der aus ihrem Ruhrschlaf erwachten Opposition« nicht zu voreiligen Schritten verleiten lassen. Das klingt zwar sehr vernünftig, wird ihm aber vorerst nicht aus der Defensive heraushelfen. Ohnehin tut sich die Koalition schwer, den Eindruck zu korrigieren, den die CDU vor allem zu erwecken suchte – daß sie, die CDU, die eigentliche Lobby des Reviers sei, daß sie agiere, wohingegen die Landesregierung nur reagiere. Auch das von den Sozial-Liberalen jetzt häufiger verwendete Argument, die Opposition betreibe Schwarzmalerei und Panikmache, verfängt nun kaum noch – zu lange hat man sie bereits an einem in düsteren Farben gehaltenen Revierbild malen lassen.
Fast sprachlos haben die Sozial-Liberalen bislang zugehört, wenn Christdemokraten das Revier »kaputtredeten«, wie unlängst ein SPD-Politiker klagte. Sie wußten kaum etwas entgegenzusetzen, wenn Biedenkopf dem Ruhrgebiet eine »ständige Abwärtsentwicklung« bescheinigte. Ihnen blieb schier die Spucke weg, wenn Köppler von einer »Region des Zweifels und der Lethargie« sprach. Auf diese Weise ließen sie es zu, daß sich im öffentlichen Bewußtsein erneut jenes negative Klischee festsetzte, dem entgegenzutreten doch gerade die Sozial-Liberalen allen Grund hätten.

Schließlich haben sie doch allerhand getan zur Gesundung des Reviers, zur Image- und Strukturverbesserung und auch zur Wirtschaftsförderung. Zu einem durchaus bemerkenswerten

Thyssen-Hütte, Duisburg-Hamborn: Ständige Abwärtsentwicklung?

Strukturwandel haben sie beigetragen, der immerhin dazu geführt hat, daß heute nur noch jeder fünfte Industriebeschäftigte im Bergbau tätig ist, während es in den fünfziger Jahren noch jeder zweite war.
Und nicht nur das: In dieser Region, die einst als kulturelles Kahlschlaggebiet verspottet wurde, studieren heute fast 60000 Studenten – an zwei Gesamthochschulen und zwei Universitäten; hinzu kommt die erste Hochschule für Fernstudium in Hagen. Nirgendwo außer in Hamburg und München stehen auf so engem Raum so viele Theater, Opernhäuser, Museen und Galerien.
Als Ruß-Land hat man das Revier verhöhnt – inzwischen wurden in einer beispiellosen Begrünungsaktion 1600 Hektar Brach- und Ödland wieder aufgeforstet, so daß zwei Drittel der Revierfläche heute grün sind. Von inhumanem Lebensraum hat man gesprochen, wenn man an Duisburg und Dortmund, Wanne-Eickel oder Bottrop dachte – heute existiert im Revier ein großzügiges System von Sport-, Spiel- und Freizeitanlagen. Wälder und Seen wurden für die Erholung der hier lebenden 5,6 Millionen Menschen erschlossen. Bei Bochum beispielsweise wird gerade das Wasser der Ruhr zu einem 3,5 Kilometer langen und 430 Meter breiten Segelsee aufgestaut.
Dies alles sind Pluspunkte, die jedoch bislang kaum ins Feld geführt wurden. Der Grund dafür ist gleichzeitig eine Antwort auf die Frage, warum die Opposition in der Ruhrgebietsdebatte derzeit recht stark, die Regierung hingegen eher schwach dasteht: Alle die positiven Entwicklungen im Revier wiegen wenig angesichts der gerade für einen sozialdemokratischen Ministerpräsidenten unangenehm hohen Arbeitslosenzahlen. Vor allem die Jugend-, die Alters- und die Frauen-Arbeitslosigkeit ist besonders groß. Gerade wurde von einem Kölner Wirtschaftsinstitut ermittelt, daß sich das Ruhrgebiet zu einem »neuen Zentrum der Arbeitslosigkeit« entwickelt habe.
Wenn hier kein entscheidender Durchbruch gelingt, werden die Genossen, die bislang noch auf satten Mehrheiten ruhen können, bei der Kommunalwahl im Herbst mit Verlusten rechnen müssen. Insofern braucht es nicht unbedingt ein Nachteil zu sein, daß Raus Ruhrkonferenz erst für Mai vorgesehen ist. Offensichtlich spekuliert er darauf, daß die Opposition bis dahin ihr Pulver verschossen und nichts mehr zuzulegen hat, so daß er sich dann zum eigentlichen Retter des Reviers aufschwingen kann. Es ist dies

freilich ein risikoreiches Unternehmen, denn wenn es gelingen soll, müssen die immer unruhiger werdenden und nach Taten schreienden Genossen an der Basis mitziehen, und – was noch wichtiger ist – die Konferenz wird greifbare Ergebnisse präsentieren müssen.
Für beides versucht Rau derzeit die Voraussetzungen zu schaffen. Als SPD-Landesvorsitzender ist er bemüht, die beiden SPD-Bezirke im Ruhrgebiet auf seine Linie einzuschwören. Als Regierungschef führt er »intensive Gespräche« mit Unternehmern und Gewerkschaftern, Bundes- und Kommunalpolitikern sowie anderen Repräsentanten des Reviers – offiziell, um die Lage zu erörtern, inoffiziell, um bereits die Chancen ganz konkreter Hilfen zu prüfen. Einen wichtigen Schritt vorwärts hat er dabei bereits getan: Kanzler Schmidt, der sich zunächst brüsk gegen »Erhaltungssubventionen« für das Revier ausgesprochen hatte, sagte ihm seine Unterstützung zu. Ein Sozialdemokrat erleichtert: »Die Hilfe von Schmidt – das ist bereits die halbe Miete.«

(geschrieben im Februar 1979)

Die Türken
oder
Frontstraße in Hüttenheim

Die Straße heißt »An der Steinkaul«. Udo Baer nennt sie »Frontstraße«. Auf der einen Seite der Front haben die Häuser kleine Gärtchen, auf der anderen Seite düstere Hinterhöfe. Auf der einen Seite steht die Trinkhalle von Heidi H., einer resoluten Frau, die ausspricht, was sie denkt. Sie sagt, und dabei hat ihre Stimme einen etwas schrillen Klang: »Türken? Die haben wir gefressen. Die stehen uns bis obenhin. Randvoll.« Auf der anderen Seite wohnt Hüseyin Horoz, Arbeiter bei Thyssen, mit seiner Familie. Acht Personen, vier Zimmer, kein Bad. Er klagt: »Die Deutschen laufen weg, wenn sie uns sehen. Am Arbeitsplatz schikanieren sie uns. Die wollen uns rausekeln.«
Die Straße »An der Steinkaul« ist Grenzgebiet. Im deutschen Teil kann man nachmittags regelmäßig die Hausfrau Margret H. die Straße fegen sehen. Weißer Arbeitskittel aus Nylon, energisches Gesicht: »Ich habe ja wirklich nichts gegen Türken, weiß Gott nicht, aber dieser Dreck und der Krach – vor allem abends, da werden die ja erst richtig lebendig.« Im türkischen Teil spricht Dervis Sabooglu, Schichtarbeiter bei der Mannesmann-Hütte, viel von »Vorurteilen der Deutschen« und von seinem Herzen, in dem es traurig aussehe. »Integration«, sagt er, »gibt's nur auf dem Papier.« Seine zehnjährige Tochter Zehra hat ihm berichtet, daß die deutschen Kinder in der Klasse der Lehrerin gesagt haben, sie wollten nicht mit Türken zusammensein. Drüben, auf der anderen Seite, erzählt Frau H., daß ihr Sohn schon mal ein Türkenkind »angepinkelt« habe – »hat er doch recht gehabt«.

Fronterlebnisse im Duisburger Stadtteil Hüttenheim. Udo Baer vergleicht die Straße »An der Steinkaul« mit der Berliner Mauer – »nur daß hier nicht geschossen wird«. Er muß es wissen. Als Mitarbeiter der Arbeiterwohlfahrt (AWO) ist er mit einer dreiköpfigen Helfergruppe seit ein paar Wochen dabei, im Rahmen

eines Forschungsprojekts des Bundesfamilienministeriums in Hüttenheim Integrationsmaßnahmen zu erproben – eine denkbar schwierige Aufgabe. Hüttenheim, das ist nämlich ein Beispiel für eine extreme Zusammenballung deutsch-türkischer Probleme in einer Stadt, wo mittlerweile über 40000 Türken leben – eine Zahl, die in den Städten an Rhein und Ruhr nur in Köln (56000) übertroffen wird. Während die Anzahl der Deutschen in Duisburg seit Jahren kontinuierlich abnimmt, werden die Türken – bedingt durch den immer noch großen Strom von nachreisenden Familienangehörigen – zahlenmäßig immer stärker. Von 1978 bis 1979 ging der deutsche Anteil um 7941 Personen zurück, der türkische stieg um 3883.
Über sieben Prozent der Duisburger sind Türken, und die Tendenz geht weiter in Richtung Zunahme. Womöglich wird die starke Repräsentanz der Türken in Duisburg demnächst sogar akustischen Ausdruck erfahren. Jedenfalls läuft ein Antrag, die gläubigen Moslems wie zu Hause in der Türkei vom Muezzin zum Gebet rufen zu lassen. Schon ist so ein Gebetsruf in einem Testverfahren vom Duisburger Ordnungsamt auf seinen lärmbelästigenden Charakter hin untersucht worden, bereits wird an einem Gutachten gearbeitet, in dem die Frage geklärt werden soll, ob der Ruf des Muezzin etwa dem Glockengeläut christlicher Kirchen gleichzusetzen ist. Und so kann es denn kommen, daß der Singsang des Muezzin demnächst mehrmals am Tag über Duisburg zu hören sein und die Gläubigen in die insgesamt elf Moscheen der »Stadt Montan« rufen wird – in Bruckhausen und Hochfeld, Marxloh und Meiderich, den Stadtteilen mit einem hohen Türkenanteil.
Den höchsten aber hat Hüttenheim. Dieser Stadtteil im Süden Duisburgs hat 5973 Einwohner, davon sind 2408 Türken, ein Anteil also von 40,3 Prozent. Noch extremer werden die Zahlen, wenn man sich spezielle Altersgruppen ansieht. Bei den unter 18jährigen beispielsweise ist die Zahl der Türken mit 1226 weit höher als die der Deutschen (814). Und was die Ein- bis Dreijährigen betrifft, da sind die deutschen Kleinkinder bereits zu einer verschwindend kleinen Minderheit geschrumpft: 103 Türken, 15 Deutsche. Ein türkisches Ghetto hat sich hier gebildet, eine Konzentrierung und Massierung, die vor allem in einem Teil Hüttenheims enorme Probleme und Schwierigkeiten aufgetürmt hat. Es ist dies jene Ecke, wo die Mannesmann-Hütte und das Thyssen-

Türken, Duisburg-Hüttenheim: Die Deutschen laufen weg, wenn sie uns sehen

Türkisches Geschäft,
Duisburg-Hüttenheim:
Struktur der Siedlung
vollkommen verändert

Walzwerk im spitzen Winkel aneinanderstoßen, wo der Blick nach Norden durch eine Batterie von Hochöfen verstellt ist, wo die Schlote mal bräunliche, mal gelbliche Abgase in den Duisburger Himmel entlassen und wo die Rangierkommandos vom Mannesmann-Werksbahnhof weithin zu hören sind.
In dieser Industrie-Enklave leben tatsächlich Menschen: in der einen Hälfte fast nur Türken, in der anderen überwiegend Deutsche. Die Grenze bildet die Straße »An der Steinkaul«. Die Häuser, die sie bewohnen, gehören fast ausschließlich Mannesmann. Anfang des Jahrhunderts hatte das Werk, das damals noch »Heinrich-Bierwes-Hütte« hieß, für seine Arbeiter in Fabriknähe eine Kolonie erbaut, eine – verglichen mit München-Neuperlach oder Düsseldorf-Garath– durchaus wohnliche Siedlung, deren Charakter sich freilich im letzten Jahrzehnt vollkommen verändert hat. Wie die Verwandlung von den Deutschen empfunden wird, läßt sich gut von den alteingesessenen Hüttenheimern erfahren, beispielsweise von der Bäckersfrau, die seit 31 Jahren »Auf der Steinkaul« ihren Laden hat.
Sie sagt: Früher, da sei das »noch eine Gemeinschaft« gewesen, die Gärten »so nett bepflanzt« und die Gardinen »eine schöner als die andere«. Und heute? Da würde sie »direkt wehmütig«, wenn sie sehe, wie sehr das »alles verkommen« ist, sicher, auch die Türken seien »nicht alle gleich«, da gebe es sogar welche, »klasse sauber« seien die, »pikobello«, aber viele andere – »Höhlenbewohner« seien das ja zum Teil gewesen – »da in Anatolien«, es gehe einfach nicht mit den Türken, abends würden die »richtig munter und laut«, sie selber könne das gut beurteilen, sie habe nämlich mal Türken zur Untermiete gehabt, aber geputzt hätten die nie, »nur einmal« hätte sich die Türkenfrau »mit Reisig« in ihrem »schönen Treppenhaus« zu schaffen gemacht; alles sei verkratzt gewesen, und das wäre doch »klar, daß ich froh war, wie ich die nach einem Jahr wieder raus hatte«.

Was die Bäckersfrau da beklagt, ist das Ergebnis einer offenbar gezielten Belegungs-Politik der Mannesmann-Wohnungsverwaltung, die aus Hüttenheim das vom Volksmund so genannte »Türkenheim« hat werden lassen. Der Wandel ist offenkundig: in der Straße »An der Batterie« beispielsweise gab es früher drei deutsche Gaststätten, zwei davon sind heute in türkischer Hand. Die eine hat man nach einem Palast in Istanbul »Topkapi« genannt. In der

Moschee, Duisburg-Hüttenheim: Gebete im alten Lebensmittelladen

Musicbox können die Gäste zwischen Katja Ebstein und Hüseyin Can wählen. In der gleichen Straße sind auch die türkischen Geschäfte in der Mehrzahl: hier ein türkischer Lebensmittelladen mit einer Fleischabteilung, dort ein türkisches Kleidergeschäft, unter dessen Schaufenster verblichene Buchstaben noch an die frühere Funktion des Ladens erinnern: »Bäckerei«. Im Büdchen am Ende der Straße liegt »Tercüman« neben »Bild«.
Anderes Beispiel: Rosenbergstraße. Deutsche Geschäfte gibt es nicht mehr. »Türkmen« heißt es an einer Fensterscheibe. Ein Schild verheißt Gida Maddeleri – Lebensmittel. Gegenüber ein kleiner Kramladen, wo es vom Warndreieck über Feuerzeuge bis zur Feinstrumpfhose so ziemlich alles gibt. Daneben ein ehemaliges »Milch-Fachgeschäft«. Statt Molkereiprodukten werden dort heute Oliven, Paprikaschoten und Hammelfleisch verkauft. Und wieder auf der anderen Seite eine Art Ladenlokal mit großen Fensterscheiben und Gardinen dahinter. Ein im Fenster aufgehängtes Plakat zeigt die große Moschee in Mekka. Darüber ein Schild mit der Aufschrift »Kuran Kursu«. Die Lokalität ist die Moschee der gläubigen Türken in Hüttenheim. Das Innere – größer als es von außen erscheint – ist mit Teppichen ausgelegt. In einem kleinen Vorraum ein Regal für die Schuhe. An Freitagen, dem Feiertag der Moslems, ist der große Gebetsraum mittags mit dichten Reihen betender Türken gefüllt. Im Keller, der ebenfalls mit Teppichen ausgelegt ist, finden täglich Koran-Kurse für die Kinder statt. Alte Hüttenheimer haben früher hier eingekauft: Da war die Moschee noch ein Lebensmittelladen.

Aber das ist nun schon lange her. Das »alte Hüttenheim«, von dem die Deutschen etwas wehmütig reden, lebt nur noch in ihrer Erinnerung. An deutschen Geschäften sind nur noch ein Textilladen, eine Bäckerei und ein Getränkelager übriggeblieben. Hinzu kommen noch zwei Kneipen. Aber eine von beiden, so heißt es, werde demnächst zumachen, der Textilladen ebenfalls, und was die Bäckerei betrifft, da sagt die Besitzerin, türkische Interessenten würden ihr »die Bude einrennen«. Sie will jedoch standhaft bleiben, und ihr Mann hätte auch gesagt »ein Türke bei uns in der Backstube – da drehen sich die Eltern im Grabe herum«. Die Deutschen in diesem Teil Hüttenheims sind längst in der Minderzahl. Auf der türkischen Seite gibt es zwar noch hie und da ein paar deutsche Einwohner – aber die ziehen nach und

Türkischer Textilladen, Duisburg-Hüttenheim: Angst, Hilflosigkeit, Aggressivität

nach aus. »Da flieht alles«, sagt die Bäckersfrau, allein im letzten Monat seien »sieben, acht Familien weggezogen«. Und so wird denn bei den letzten Deutschen jenseits der Straße »An der Steinkaul« das Gefühl immer stärker, das Udo Baer mit dem Begriff »Minderheiten-Bewußtsein« umschreibt.

Das Gefühl, sich einer wachsenden Mehrheit fremder Menschen gegenüberzusehen, hat bei einer Reihe von ihnen eine Abwehrhaltung entstehen lassen, die offenbar zu gleichen Teilen von Angst, Hilflosigkeit und Aggressivität genährt wird. Zwar gilt das nicht für alle – die Besitzerin des »Hüttenheim-Grill« etwa sagt, sie käme mit den Türken gut aus, und auch Frieda Cornelissen, die Büdchen-Frau in der Ungelsheimerstraße, kennt »keine Probleme mit den Türken«. Aber bei vielen anderen klingt doch blanker Haß durch – etwa wenn die andere Büdchen-Frau Heidi H. sagt: »Ich betrachte die nicht als Menschen, die leben doch wie die Tiere.« Auch wenn viele Sätze mit der Einleitung »ich hab' ja wirklich nichts gegen Türken« beginnen, so offenbart die

Fortsetzung doch meist tiefe Abneigung – so auch bei einer etwa 40jährigen Hüttenheimerin: »Neulich hieß es doch, wir sollten mal mit den Türken-Frauen zusammen Kaffetrinken. Das ist doch wohl das letzte. Wer bin ich denn?« Und fast immer münden solche Tiraden in die gleiche schrille Forderung, wie sie auch Margret H. artikuliert: »Die sollen sich uns gefälligst ma'n bißken anpassen.«

Eine Situation ist entstanden, wo sich der ursprüngliche Inhalt des Begriffs Integration in sein absurdes Gegenteil verkehrt zu haben scheint. Deutlich wird dies in der Hüttenheimer Grundschule, wo sich bei einem Anteil von 75 Prozent türkischer Kinder bereits die Frage nach der Eingliederung der deutschen Schüler stellt. Groteske Situation: eine deutsche Schule, wo Türkisch die Umgangssprache ist; 252 türkische Kinder und »kein Lehrer, der von der Didaktik her auf Deutsch als Fremdsprache vorbereitet worden ist« (so eine Lehrerin). Wie sollte man da den beiden Gruppen, der türkischen Mehrheit und der deutschen Minderheit, gerecht werden? Wie sollte man mit einer Situation fertig werden, die dadurch noch schwieriger wird, daß immer wieder sogenannte Seiteneinsteiger – Kinder, die mitten im Schuljahr aus der Türkei nach Deutschland kommen (allein in den ersten sechs Wochen des laufenden Schuljahres waren es in ganz Duisburg 850) – in den Unterrichtsbetrieb integriert werden müssen?
Die Lösung, wie sie an der Hüttenheimer Grundschule momentan praktiziert wird, sieht so aus, daß die normalen Regelklassen vorwiegend von deutschen Kindern und einigen wenigen Türken bevölkert werden, während die Masse der türkischen Kinder ihre Grundschulzeit in sogenannten Vorbereitungsklassen verbringt. Eigentlich sollten diese Klassen auf den normalen Regelunterricht vorbereiten, tatsächlich jedoch stellen sie gewissermaßen eine eigenständige Unterrichtsschiene dar – schon deshalb, weil Rektor Langenberg den Türkenanteil in den Regelklassen aus Rücksicht auf die deutschen Kinder bei 25 bis 30 Prozent eingefroren hat. Diese Vorbereitungsklassen-Karriere setzt sich dann meistens in den Hauptschulen fort, so daß letztendlich für viele Türken nur ein Abschluß zweiter Klasse herauskommen kann.
Ins Gewicht fällt aber noch etwas anderes. In reinen Türken-Klassen ist der Anreiz, Deutsch zu sprechen, naturgemäß geringer als in

gemischten Klassen. Folge: Die Ghettosituation in ihrer Wohnsiedlung, wo sie in türkischen Läden kaufen und mit türkischen Kindern spielen, setzt sich in der Schule geradewegs fort. »Integration?« empört sich eine Lehrerin, »da kann man doch nur noch lachen!« In der benachbarten Hauptschule sagt Konrektor Bernd Mendorf: »Das Integrationskonzept, das noch aus Zeiten stammt, als wir zehn Prozent Türken an der Schule hatten, kann heute bei diesen Konzentrationen gar nicht mehr funktionieren. Es ist kaputt.« Eine Kollegin von der Grundschule, die eine Vorbereitungsklasse mit nur Türkenkindern unterrichtet, weiß: »Mir zu Gefallen sagen die vielleicht einmal ein paar deutsche Worte – aber in der Pause auf dem Schulhof oder zu Hause reden die doch nur Türkisch.« Und dann sagt sie mit einem resignierenden Achselzucken: »Gegen die Ghettobildung kommen wir nicht an.«

In der Tat müssen Lehrer und Kinder an dieser Grundschule sowie an der benachbarten Hauptschule (wo ab nächstem Schuljahr die Türken ebenfalls in der Mehrheit sein werden) ausbaden, was Mannesmann mit seiner Belegungspolitik angerichtet hat. Fragt man indes bei der Wohnungsgesellschaft des Unternehmens, bekommt man von Geschäftsführer Peter Maaßen zur Antwort: Die Türken wollten nun mal gerne zusammenleben, das sei »ihr Wunsch«, und außerdem wären sie eben nicht bereit, mehr Miete zu zahlen als in Hüttenheim, wo sie mit zwei Mark pro Quadratmeter sehr preisgünstig wohnten.
Es sind dies die bekannten Argumente, wie man sie in Duisburg häufig hören kann – nur decken sie sich kaum mit den tatsächlichen Wünschen vieler Türken in Hüttenheim. Hüseyin Horoz beispielsweise, in dessen 67 Quadratmeter großer Wohnung vier Söhne sich ein kleines Zimmer teilen müssen, würde bis zu 400 Mark an Miete zahlen, wenn er eine Wohnung außerhalb des Ghettos bekäme. Indes hat er die gleiche Erfahrung gemacht wie Dervis Sabooglu, der seit fünf Jahren versucht, für seine fünfköpfige Familie eine andere Wohnung, weg von Hüttenheim, zu bekommen: »Wenn ich auf eine Anzeige hin anrufe und der Vermieter merkt, aha, ein Ausländer, legt er gleich auf.« Auch Hasan Özen, Betriebsratsmitglied bei der Mannesmann-Hütte, wo 1670 Türken arbeiten, hat keine Illusionen mehr: »Kaum sage ich, daß ich Türke bin, heißt es, die Wohnung ist schon vergeben!«

Und so müssen denn die türkischen Arbeiter mit ihren Familien auf der kleinen Siedlungsinsel im Industriemeer im Süden Duisburgs ausharren – ein selbstgewähltes Exil, das sich viele von ihnen anders vorgestellt hatten. Hüseyin Horoz etwa hatte vor seiner Übersiedlung nach Deutschland viel von der »traditionellen deutsch-türkischen Freundschaft« gehört und sich die Zukunft schön ausgemalt. Heute träumt er manchmal von zu Hause, einem kleinen Dorf in Ostanatolien nahe der russischen Grenze. Sobald er seine Schulden abbezahlt hat, will er sofort zurück. Er sagt: »Ich hab's voll bis obenhin.« Seine beiden ältesten Söhne hingegen, Mahmut und Ali Ekber, beide Bergarbeiter auf Zeche »Walsum«, wollen bleiben. Auf jeden Fall. Sie sind beide schon länger als sechs Jahre hier, haben recht ordentlich Deutsch gelernt, verdienen gut und schämen sich fast ein bißchen, als die Rede auf ihr Heimatdorf in Anatolien kommt. Sie fühlen sich in Duisburg heimisch – und scheinen auch nicht sehr unter der Ghettosituation zu leiden.

Nun mag das daran liegen, daß sie Musik machen und in ihrer Freizeit auf türkischen Hochzeiten überall im Ruhrgebiet spielen. Da empfinden sie die Lage in Hüttenheim vielleicht nicht so bedrückend wie jene, die zwischen Mannesmann-Werkstor und Wohnung hin- und herpendeln und täglich die Probleme und Schwierigkeiten erleben, von denen die Türken manche freilich auch selber produzieren. Da sind die Überfälle und Schlägereien der von einem deutschen Kriminellen angeführten »Ghetto-Angels«, einer über hundert Mitglieder starken türkischen Rokkergruppe, und da sind natürlich auch die Auseinandersetzungen zwischen linken und rechten Türken, zwischen Sozialdemokraten und »Grauen Wölfen«, der militanten Jugendorganisation der faschistischen »Nationalistischen Bewegungspartei« (MHP). Im letzten Jahr gab es blutige Zusammenstöße zwischen beiden Gruppen – mit dem Ergebnis, daß Hasan Özen ein für dieses Jahr geplantes großes Fest in Hüttenheim aus Angst vor Schlägereien ausfallen ließ.
Die Moschee in Hüttenheim, so heißt es, stehe unter Kontrolle der MHP-Fanatiker. In den Koran-Kursen, so wird berichtet, würden den Kindern die Suren auch schon mal mit dem Stock eingebleut. Wenn man dies weiß, wenn man außerdem die Parolen einer maoistischen Kommunistengruppe an den Hauswänden

sieht (»Es lebe der Volkskrieg«) und wenn man schließlich auch noch die Feindseligkeit vieler Deutscher in Hüttenheim spürt, dann merkt man sehr bald, daß sich in diesem Viertel ein gefährliches explosives Gemisch zusammenbraut. Udo Baer und seine Helfer tun ihr möglichstes, um die Situation, so gut es geht, zu entschärfen. Nähkurse, Sportabende, Deutschunterricht, Gesundheitsberatung, Informationsveranstaltungen – das ist die Schiene, auf der sie türkische und deutsche Frauen einander näherbringen wollen. Jugendnachmittage, Kinderfeste, die Gründung eines Fußballclubs (als Alternativangebot zu einem von den »Grauen Wölfen« unterwanderten Kickerverein im Nachbarstadtteil Wanheim) – das ist der Ansatz, mit dem die Jungtürken von der Straße geholt werden sollen. Hinzu kommen Alphabetisierungskurse für die Männer.
Einer der Deutschlehrer ist Hasan Özen. Freitagsnachmittags kann man ihn im AWO-Zentrum sehen, wie er vor der Tafel steht und einer Gruppe von Landsleuten den Genitiv erklärt: »Das ist Hasans Buch, oder: Das ist das Buch des Hasan.« Er gibt sich Mühe, engagiert sich – dabei weiß er genau, daß dies nur ein winzig kleiner Schritt ist auf dem Weg zur Eingliederung. Einen

Koran-Schule, Duisburg-Hüttenheim: Suren mit dem Stock eingebleut?

großen, so meint er, könnten die Politiker tun, wenn sie die Türken endlich einbürgerten. Özen sagt: »Seit zwanzig Jahren hören wir Ausländer, Ausländer, Ausländer – irgendwann muß das doch mal aufhören!« Schließlich, so argumentiert er, seien die in der Zeit der Industrialisierung ins Revier gekommenen Polen ja auch eingebürgert worden.

Auf eine Wiederholung dieses historischen Vorgangs können die »Frontarbeiter« in Hüttenheim freilich nicht warten. Von den AWO-Leuten ist eine Art Erste Hilfe gefordert, wobei es genug Hindernisse gibt – ob das nun erschrockene türkische Männer sind, die auf einmal Angst haben, daß die patriarchalische Familienstruktur durch selbstbewußtere Frauen durcheinandergebracht werden könnte; ob das ein Mann ist wie Hüseyin Horoz, der noch nie in seinem Leben eine Schule besucht hat und sich jetzt, im Alter von 44 Jahren, nicht mehr in einen deutschen Alphabetisierungskurs setzen will; oder ob das eine Frau ist wie Heidi H., die mit fast allem, was sie sagt, den Integrationsbemühungen von Udo Baer und seiner Gruppe hohnspricht.
Erst kürzlich, berichtet sie aus dem Fenster ihrer Trinkhalle, habe doch ihre Tochter einen Brief von der Lehrerin mitgebracht, daß man zum St.-Martins-Tag zwei türkische Kinder zum Essen einladen und daß man kein Schweinefleisch, sondern eine Fisch- oder Eierspeise anbieten möge. »Hab' ich sofort zerrissen, den Brief, bin zur Schule hin und hab' mich beschwert, was denen denn einfällt. Türkenkinder kommen bei mir nich inne Bude rein. Die nich. Soweit kommt's noch.« Die Kunden in der Trinkhalle nicken alle – zwei Müllmänner, ein älterer Radfahrer mit abgeklemmten Hosenbeinen und ein jüngerer Langhaariger mit Lederjacke. Der mit der Lederjacke sagt: »Ne Bombe rein!« Dabei zeigt er auf das Gebiet jenseits der Straße »An der Steinkaul«. Der Mann mit den abgeklemmten Hosenbeinen murmelt: »Wär' noch zu schade für'n Sprengstoff!«

(geschrieben im November 1980)

Das Stahlwerk
oder
Angst über der Stadt

Im Saal des Lokals »Zur Braustube« im Dortmunder Stadtteil Hörde fallen harte, böse und kämpferische Worte. Vom »Verarschen« ist die Rede und vom »Verschaukeln«; von »totalem Vertrauensbruch« spricht einer, von der »Notwendigkeit, Druck zu machen« ein anderer. Die Stimmung bei der Versammlung der SPD-Betriebsgruppe des Hoesch-Werks Phönix ist eine seltsame Mischung aus Wut und Angst, Verzweiflung und wilder Entschlossenheit – alles Elemente, die eine Rolle spielen in einem Drama, das sich gegenwärtig in Dortmund abspielt und bei dem es um weit mehr geht als nur um eine unternehmenspolitische Entscheidung über eine Millionen-Investition. Von einem »Todesurteil für Dortmund« wird gesprochen, vom »wirtschafts- und sozialpolitischen Ausbluten einer ganzen Region«, vom »Sterben auf Raten« und von der »größten Krise« der Stadt Dortmund seit dem Zechensterben der sechziger Jahre.
Ausgelöst wurden diese fast apokalyptisch anmutenden Visionen und Prognosen von der Nachricht, daß der geplante Bau eines neuen modernen Blasstahlwerks als Ersatz für die veralteten Siemens-Martin-Öfen auf dem Gelände der zur ESTEL Hoesch Werke AG zählenden »Westfalenhütte« in Dortmund »verschoben« werden soll. Getroffen wurde der Vertagungsbeschluß vom Aufsichtsrat des deutsch-niederländischen Konzerns ESTEL NV in Nimwegen, in dem seit 1972 die Dortmunder Hoesch-Werke mit ihren drei Betrieben Phönix, Union und Westfalenhütte sowie die niederländische Firma Hoogovens (Sitz IJmuiden) verschmolzen sind. Auf die lange Bank geschoben, wenn nicht sogar schon zu den Akten gelegt wurde damit ein Projekt, das Anfang des Jahres nach langem Ringen als Teil eines Handels beschlossen worden war: die Arbeitnehmervertreter stimmten dem Abbau von 4200 Arbeitsplätzen im Rahmen eines Kostensenkungsprogramms für den Gesamtkonzern zu, die Unternehmens-

Demonstration für ein Stahlwerk in Dortmund: Für Hoesch geht notfalls die ganze Stadt auf die Straße

leitung gab als Gegenleistung grünes Licht für das neue Stahlwerk. Letzte Zweifel am Zustandekommen des Neubaus schienen beseitigt, als sich Bund und Land NRW bereit erklärten, 250 Millionen Mark an zinslosen Darlehen zu spendieren – bereits die halbe Miete des 500-Millionen-Projekts.
Inzwischen sind von den 4200 Arbeitsplätzen bereits 2000 abgebaut – das neue Stahlwerk hingegen scheint in weite Ferne gerückt zu sein. Zwar hat der nach dem Montan-Mitbestimmungsgesetz paritätisch von Arbeitnehmer- und Arbeitgebervertretern besetzte Aufsichtsrat von Hoesch vor 14 Tagen einstimmig den alten Baubeschluß noch einmal bekräftigt, Vorstandsvorsitzender Detlev Karsten Rohwedder hingegen fährt unbeirrt auf holländischem Vertagungskurs. Eine Investition von dieser Dimension, so argumentiert er kühl, werde er »ohne ausreichenden wirtschaftlichen Untergrund« nicht tätigen – und genau den sieht er in der gegenwärtigen, von Absatzschwierigkeiten und Zwangsmaßnahmen geprägten Lage in der Stahlindustrie als nicht gegeben. Aufgebrachten Stahlarbeitern, die nach dem Vertagungsbeschluß vor der Hoesch-Hauptverwaltung für das Stahlwerk demonstrierten und Rohwedder einen Spaten für den sofortigen Baubeginn in die Hand drückten, machte der Ex-Staatssekretär keine Hoffnung: »Wir werden nicht, wie geplant, in diesem Herbst mit dem Bau eines neuen Stahlwerks beginnen. Darüber darf es gar keinen Zweifel geben.« Dann gab er den Spaten wieder ab.
Seither herrscht Krisenstimmung in Dortmund. 10000 Arbeitsplätze, so die Rechnung von Gewerkschaftern und Betriebsräten, gingen verloren, wenn die nur noch begrenzt einsatzfähigen alten Öfen nicht schnell durch neue Anlagen ersetzt würden. Betroffen aber wären zweifellos auch die Zulieferer, der Einzelhandel, das Handwerk – »für 40000 bis 50000 Menschen«, sagt Dortmunds SPD-Oberbürgermeister Günter Samtlebe, »würde bei einer Entscheidung gegen den Stahlwerk-Neubau eine äußerst schwierige wirtschaftliche Situation entstehen«. Von »verheerenden Folgen für den ganzen Wirtschaftsraum« spricht der Leiter des Dortmunder Arbeitsamtes, sorgenvoll klingt auch die Stellungnahme des Einzelhandelsverbands. Die zu erwartenden städtischen Einbußen bei der Einkommen- und Lohnsteuer werden auf 13 Millionen Mark pro Jahr geschätzt, für zusätzliche Aufwendungen an Arbeitslosengeld, Miet- und Sozialbeihilfen rechnet man im Dortmunder Rathaus mit 100 Millionen Mark pro Jahr.

In einer einstimmig verabschiedeten Resolution des Dortmunder Stadtrats zum Stahlwerksneubau wurden die Auswirkungen für Dortmund, aber auch für die »Bevölkerung des gesamten östlichen Ruhrgebietes« als »kaum vorstellbar« bezeichnet; in der Versammlung der SPD-Betriebsgruppe in Hörde hatte man mehr Phantasie: dort war die Rede vom »Elendsquartier der Bundesrepublik«. Die da überall in Dortmund so vehement die Alarmglocken läuten, werden auch von der Angst getrieben, daß eine Entscheidung gegen das Stahlwerk »ein Ende der Stahlproduktion in Dortmund bedeuten könnte« (so der Stadtrat) – also ein Verlust der traditionellen Rohstahlbasis. Für Kurt Schrade, den Betriebsratsvorsitzenden der Westfalenhütte, ist das eine Schreckensvision: ohne eigene Stahlproduktion, als lediglich weiterverarbeitender Betrieb werde man zur »Manipulationsmasse« und zum »Spielball von anderen«. Kein Wunder also, daß in Dortmund das Wort »Kampf« in aller Munde und sogar ein Generalstreik nicht mehr auszuschließen ist. Im öffentlichen Nahverkehr wolle man gegebenenfalls »alles zum Stehen bringen«, haben Hoeschianer angedroht; und Werner Dieterich, erster Bevollmächtigter der IG Metall in Dortmund, sieht für Kampfmaßnahmen beste Voraussetzungen: »Für Hoesch geht notfalls ganz Dortmund auf die Straße.«
Der Mann könnte recht behalten. Hoesch – das ist nämlich nicht nur der größte Arbeitgeber in dieser Stadt, sondern auch eine alte, traditionsreiche Institution. Hoesch und Dortmund gehören zusammen wie Fußball und Schalke, wie Castrop und Rauxel – eine ungewöhnliche Beziehung, die man nur vor dem Hintergrund der geschichtlichen Entwicklung des Reviers verstehen kann. Als zu Beginn der Industrialisierung Pommern und Polen, Masuren und Schlesier an die Ruhr strömten, da wurden sie, so der Publizist Horst Krüger, »nicht von demokratischen Städten, sondern von Unternehmen« aufgefangen: »Man ist noch heute eigentlich nicht Essener, sondern Kruppianer, nicht Dortmunder, sondern Hoeschianer.« Es ist eine ganze Menge dran an dieser Beobachtung – wie sonst wäre zu erklären, daß die Riesenfirma mit ihren 48000 Beschäftigten in Dortmund immer noch einen Ruf als »Familienbetrieb« hat, von dem es heißt: »Wer da arbeitet, versucht auch seine Kinder im selben Laden unterzubringen«?
Wie sonst könnte man die Solidaritäts- und Sympathiewelle ver-

stehen, von der die Hoesch-Arbeiter derzeit getragen werden? Ob von SPD, CDU, FDP oder DKP, ob von Pastoren oder Hochschullehrern, Sportlern oder Rechtsanwälten, Kirchen, Kaufhäusern oder Kleingärtnern – Zuspruch und Ansporn kommen von allen Seiten. Da ist die Solidaritätsadresse vom BVB Borussia Dortmund, der sich in die Betroffenen besonders gut hineinfühlen kann – weil sie sich »heute in einer Situation befinden, aus der sie den BVB vor Jahren durch Treue und Engagement gerettet haben«. Da ist die von Dortmunder Sportvereinen gegründete Initiative »Rettet die Stahlbasis«, und da kommt sogar Unterstützung von Bürgerinitiativen, die, wie die »Neue Rhein Zeitung« schreibt, »sonst gegen jeden Schornstein zu Felde ziehen«. Am verkaufsoffenen Samstag vor einer Woche genügten den Hoeschianern ein paar Stunden, um 13000 Unterschriften für das Stahlwerk zu sammeln – »mit soviel Verständnis und Solidarität«, so ein Stahlkocher, »hatten wir nicht gerechnet«.

Hilfe kommt auch von den Frauen der Hoesch-Arbeiter, die sich in einem »Solidaritätskomitee« zusammengeschlossen und Aufklärungsaktionen und Informationsstände organisiert haben – aus nackter Existenzangst: »Wir fühlen mit großer Sorge«, heißt es in einem Aufruf, »wie die Unsicherheit über die Zukunft schon jetzt in unsere Familien hineinwirkt.« Nicht wenige Familienväter, die während der großen Kohlenkrise ihren Arbeitsplatz im Pütt verloren, zu Hoesch wechselten – und nun wieder Angst haben müssen, auch wenn der Oberbürgermeister noch trotzig verspricht: »Damals haben wir solidarisch zu den Bergleuten gestanden, nun ist der Stahl an der Reihe.«

Die Solidarität hat seinerzeit nicht viel genützt – in Dortmund ebensowenig wie anderswo. 400000 Arbeitsplätze gingen im Ruhrgebiet verloren. Und auch diesmal steht – trotz aller Solidarität, trotz aller Kampfbereitschaft – die Sache schlecht für die Hoeschianer. Zu groß sind die Standortnachteile im östlichen Revier, als daß sich das neue Werk gegenüber der günstiger gelegenen Konkurrenz behaupten könnte. Krupp im Duisburger Stadtteil Rheinhausen kann sich das zur Stahlerzeugung benötigte Erz mit Schubschiffen bis vor den Hochofen transportieren lassen, Hoogovens in IJmuiden an der holländischen Küste braucht sich aus den Nordseefrachtern nur zu bedienen – Hoesch hingegen muß den fehlenden Wasseranschluß mit teurer Bahn-

fracht bezahlen. Hinzu kommt, daß sich wegen des höheren Strompreises im östlichen Ruhrgebiet die Mehrkosten in diesem Bereich – verglichen mit Duisburg – auf 20 Millionen Mark pro Jahr summieren. Schon lange hat Hoesch keinen Gewinn mehr gemacht – im Gegenteil: 800 Millionen Mark, so heißt es, habe der ESTEL-Konzern bislang aufwenden müssen, um die Dortmunder über Wasser zu halten. Betriebswirtschaftlich wird man also den Neubau kaum begründen können. Die Argumente sind denn auch meist anderer Art – etwa so wie sie der IG Metaller Dieterich formuliert: »Das ganze Problem ist nicht mehr nur eine Frage Hoesch, sondern eine Frage Dortmund geworden.« Während Rohwedder »kaufmännische Vorsicht« ins Feld führt und darauf verweist, daß »die Herstellung von Stahl kein Selbstzweck« sei, betrachten die Gewerkschafter das Problem Hoesch vor allem als »sozial- und gesellschaftspolitische Frage«.
Wie die Lösung aussehen wird, steht dahin – der Düsseldorfer Landtag brachte es am Mittwoch nach einer Stunde jämmerlichen Gezänks nur zu dem kümmerlichen Vorschlag einer bald einzuberufenden »Stahlkonferenz«; die Stadt Dortmund ruft neuerdings in einer groß angelegten Anzeigenkampagne die »lieben Mitbürger« auf, sich in die Unterschriftenlisten für das neue Stahlwerk einzutragen; und die Stahlkocher selber? Sie haben in dieser Woche auf drei großen Belegschaftsversammlungen in der Westfalenhalle noch einmal von Generaldirektor Rohwedder gehört, daß das neue Stahlwerk vorerst nicht gebaut werden soll, sie haben zu Dutzenden dagegengesprochen, haben gedroht, haben den Vorstand angegriffen, haben die Konsequenzen ausgemalt – kämpferisch ging es zu, schrill, laut, hart. Vor dem großen Zechensterben damals wurde genauso vehement protestiert. Doch dann wurde ein Pütt nach dem anderen zugemacht.

(geschrieben im November 1980)

Die Ruhr

oder

Ein Fluß in den Wechseljahren

Der Fluß hat schon viel mitgemacht. Es gab Zeiten, fast zwei Jahrhunderte zurück, da war er Mittelpunkt einer Landschaft, bei deren Beschreibung zeitgenössische Dichter ins Schwärmen gerieten: »Wer eine herrliche Gegend kennenlernen will, findet hier reiche Befriedigung: ein liebliches Tal, von heiteren Bergen bekränzt, Ritterburgen und Ruinen, fruchtbare Fluren und duftende Wiesen.« Es gab aber auch Zeiten, Anfang des 19. Jahrhunderts, da mußte der Fluß ertragen, daß man zu beiden Seiten seines Laufs den Boden aufbrach, die Erde durchwühlte und das friedliche Tal aus seinem Tiefschlaf riß. Das war, wie der Publizist Helmut de Haas schreibt, als »die Pioniere des rheinisch-westfälischen Industriegebietes den mittelalterlichen Ring, den verzauberten Steinkohlenberg ohne Skrupel« sprengten. Damals wurde der Name, den der Fluß der Region gegeben hatte, zu einem Begriff: Ruhr-Gebiet.
In dieser Namenskombination machte der Fluß Karriere. Ruhrgebiet – das war das Synonym für die dichteste Industrielandschaft auf dem Kontinent, das war untrennbar mit der Vorstellung von Schloten und Schächten, Geld und Macht, Lärm und Gestank verbunden. So fest hat sich dieses Bild vom hämmernden, dampfenden, feuerspeienden Ruhrgebiet im Bewußtsein vieler verankert, daß sich der neuerliche Wandel fast unbemerkt vollzog. Pioniere wie Carl Funke oder Friedrich Grillo würden das Tal heute kaum noch wiedererkennen, eher schon die schwärmerischen Poeten aus der Zeit vor der Industrialisierung. Die Ruhr heute – das ist eine Geschichte, die viel mit den Freizeitbedürfnissen einer Millionenbevölkerung, aber auch mit den Wiedergutmachungsversuchen an einer geschundenen Landschaft zu tun hat.

Um dies verstehen zu können, muß man ganz vorne anfangen – an der Quelle. Dort, wo die Ruhr entspringt, auf den Bergen des

Die Ruhr bei Mülheim:
Wieder sauberer
geworden

Rothaargebirges, war wohl immer Idylle. Die romantische Wald- und Wiesenlandschaft mit seltenen Blumen und hohen Fichten, die wird auch vor Jahrhunderten kaum anders ausgesehen haben. Es hat ein bißchen den Anschein, als habe sich der Fluß, der hier oben in 674 Meter Höhe als dünner Wasserstrahl aus einem Felsen kommt, etwas von der Unversehrtheit bewahren wollen, die ihm später auf seinem Weg talwärts genommen wurde. Etwa zehn Kilometer von der Quelle entfernt ist aus dem Rinnsal schon ein Bach geworden, der sich leicht rauschend durch grüne Viehweiden bergab schlängelt, langsam breiter und tiefer wird und im Städtchen Arnsberg, 462 Meter unterhalb der Quelle, bereits als stattlicher Fluß ankommt.
Nun schon etwas träger geworden, nicht mehr so eilig wie an den Hängen des Sauerlandes, fließt die Ruhr an kleinen Wasserkraftwerken und Holzfabriken vorbei und jener Region entgegen, die nach ihr benannt ist. Bei Schwerte, einer Stadt südlich von Dortmund, begann für den Fluß einst die Leidensstrecke durch die Industriezone. Heute aber, an einem sonnenwarmen Samstag, können wir hier Schwäne, Angler und auf den Uferwiesen grasende Kühe sehen. Ein paar Kilometer weiter, in Westhofen, eine Impression wie aus einem Reiseprospekt: Kinder, die im Flußwasser planschen, am Ufer eine Siedlung von 15 Wohnwagen, deren Besitzer hier seit Jahren ihre Freizeit verbringen und die Plätze fest gemietet haben. Meist aus Dortmund und Umgebung kommend, haben sie sich am Ufer der Ruhr häuslich eingerichtet: Caravans mit Vorgärten und Fernsehantennen, Jägerzäunen und Holzterrassen mit Blick auf den Fluß.
Auf der anderen Seite geht es längst nicht so geordnet zu: hier ein Zelt, das in den hohen Uferwiesen fast verschwindet, dort ein Auto, das am Ufer parkt. »Wilde Camper«, sagt einer aus der Caravan-Siedlung. Das klingt nicht verächtlich, aber doch so, daß man den Stolz des Eigenheimbesitzers heraushört. Hinter den wilden Campern, am Nordrand des Tales, steigt das bewaldete Gelände steil an zum Ardey-Gebirge, aus dem die Trümmer einer alten Sachsenbefestigung herausragen – »Hohensyburg«, wo Widukind einst lebte, ehe er von Karl dem Großen vertrieben wurde. Seit Beginn des Jahrhunderts wird hier oben, wo sich wochenends jede Menge Ausflügler tummeln, allerdings die Erinnerung an eine andere Epoche wachgehalten: In Form eines überlebensgroßen Reiterstandbilds beherrscht Kaiser Wilhelm I.

die Szene über der Ruhr, deren Verlauf von hier sehr gut zu übersehen ist.
Direkt unterhalb des Kaiser-Monuments beginnt sich der Fluß etwa um das Dreifache seiner normalen Breite auszudehnen und die Form eines langgestreckten, bananenförmig gekrümmten Gewässers anzunehmen. An dieser Stelle heißt der Fluß »Hengstey-See«. Aufgestaut wurde dieser See in den Zwanzigerjahren, als der Ruhrverband durch eine Seenkette entlang der Ruhr die Qualität des Wassers verbessern wollte. Längst hat der See aber auch seine Bedeutung für die Erholung der Reviermenschen. An diesem Tag wird in dem grünen, etwas trüben Wasser gesurft, gerudert, gesegelt und geangelt – zwischen Schwänen und Seerosen. Auf einer langgestreckten Halbinsel eine kleine Holzhaus-Kolonie. »Freier Sportverein 1898 Dortmund« steht am Eingang des umzäunten Geländes. Durch den Maschendraht sehen wir Kanus und Paddelboote.
Der See ist knapp vier Kilometer lang. Doch kaum hat die Ruhr hinter der Staumauer wieder ihre alte Breite erreicht, da verbreitert sie sich auf Höhe des Städtchens Herdecke erneut – diesmal zum Harkort-See, der, ähnlich gekrümmt, aber breiter als der Hengstey-See, nach einem der Pioniere des rheinisch-westfälischen Industriegebietes benannt ist und ebenfalls zu jener vom Ruhrverband in den Zwanzigerjahren angelegten Seenkette gehört. Herdecke, eine kleine Stadt mit alten Fachwerkhäusern, hat das Wassergeschenk genutzt und das Ufergelände für die Freizeit ausgebaut – ein Angebot, das angenommen wird: von alten Menschen, die auf Bänken am Wasser sitzen, von Sportgruppen, die auf den Uferwiesen Fußball oder Volleyball spielen, und von den Aktiven des »Ruderclubs Westfalen 1929 e.V.«, die hier ihre Boote zu Wasser lassen. Etwas vom Uferbetrieb entfernt, aber noch dazugehörend: die Gaststätte »Ruhrschlößchen« und gleich daneben eine Pommes-frites-Bude mit dem schönen Namen »Villa Wurst«.
Von Herdecke führt eine Uferstraße den See entlang, dessen vielfältige Nutzungsmöglichkeiten mal durch ein Kraftwerk, mal durch eine Bootsanlegestelle, mal durch einen Minigolfplatz deutlich werden. Wie beliebt dieser See aber vor allem als Freizeitzentrum ist, wird ganz offensichtlich, als wir in Wetter auf einer alten Ruine (wo der preußische Oberbergrat Freiherr vom Stein einst wohnte) das ganze Panorama des Sees vor uns haben:

am gegenüberliegenden Ufer reihen sich Caravansiedlungen, Zeltplätze und Bootsanlegestellen zu einer bunten Kette aneinander. Dahinter erstrecken sich Felder und Wiesen; mittendrin, auf einer kleinen Anhöhe, eine Burg, die im Mittagsdunst nur in Umrissen zu erkennen ist.
Als wir in Wetter auf der Staumauer den See überqueren, sehen wir auf der einen Seite ein Dutzend Surfer und Segler und auf der anderen Seite, am Ufer der wieder auf Normalgröße geschrumpften Ruhr, ein paar Angler. In kleinen Ufernischen haben sie, auf Campingstühlchen und inmitten eines Gewirrs aus Angelruten, Netzen, Bierflaschen und Behältern hockend, ihre Köder ausgeworfen. Schleien und Karpfen könne man hier fangen, sagen sie – und das ist tatsächlich kein Anglerlatein.
Mittlerweile ist die Ruhr nämlich wieder sauberer geworden – ein Resultat der vorbildlichen Arbeit des ehemals preußischen Ruhrverbandes, der die Talsperren, die über 120 Kläranlagen, die Nebenflüsse und die Abwässer verschiedener Firmen entlang der Ruhr überwacht und kontrolliert. In der neuesten Gewässergütekarte des Landes Nordrhein-Westfalen wird die Ruhr, welche die Abwässer von zwei Millionen Menschen aufnimmt und gleichzeitig sechs Millionen Bürgern Trinkwasser liefert, in der mittleren Klasse geführt. Urteil: »Kritisch belastet.«
Stark verschmutzt ist die Ruhr nur an einer einzigen Stelle – im sauerländischen Arnsberg, dem Sitz einer großen Papierfabrik. Bei Westhofen, wo die Kinder im Wasser planschen, weist die Karte mäßige, am Standort der Angler bei Wetter kritische Belastung aus. Zum Fischen reicht das offenbar. Einer der Angler, ein Mann aus Hagen, hat »heute schon 20 Pfund rausgeholt« – und wieder reingeworfen. »Is' doch nur 'n Sport«, sagt er, »die Fußballspieler, die nehmen den Ball nach dem Spiel doch auch nicht mit nach Hause.«
Wir fahren weiter den Fluß stromabwärts durch eine hügelige Landschaft, in die sich das Flußtal in rasanten Kurven eingeschnitten hat. Auf der Höhe von Witten bildet die Ruhr eine fast rechtwinklige Umrandung eines jener Gebiete, wo einst die Buddelei nach Kohle begann. Auf alten, vom Beginn des Jahrhunderts stammenden Bergbaukarten ist diese Gegend übersät mit Markierungen von Schächten und Stollen. Ob »Taugenicht« oder »Turteltaube«, »Luisenglück« oder »Aufgottgewagt« – Dutzende

Zeche »Egbert«, Witten:
arbeitslos auf einer Wiese
am Waldrand

von Zechen gruben hier einst nach Kohle, wo die Flöze fast bis unter die Grasnarbe reichten. Und heute?

Heute ist die Kohle hier schon längst Historie. Ein bergbaugeschichtlicher Wanderweg zieht sich durch die bewaldete, gelegentlich von Viehweiden unterbrochene Gegend. Da ist die halbverfallene, mehr als 130 Jahre alte Ruine des Schachtgebäudes »Herkules« auf dem Gelände der ehemaligen Bergwerksgesellschaft »Vereinigte Nachtigall«, da ist das aus dem Jahr 1823 stammende, restaurierte Bethaus, wo sich die Kumpels vor Schichtbeginn zur Andacht versammelten, und da sind verschiedene andere, teils erhaltene, teils rekonstruierte Anlagen aus der Zeit des Bergbaus – eine Kohlenverladestelle, ein ehemaliger Stolleneingang und die noch gut zu erkennende Trasse der 1828 gebauten Pferdebahn, welche die Zeche »Nachtigall« mit der Straße nach Wuppertal verband.
Eine Zechengegend als Freilichtmuseum – das ist die Realität des Ruhrgebiets heute, das in der Region südlich von Witten auch eine bergbauhistorische Rarität besonderer Art zu bieten hat. Es ist dies die Zeche »Egbert«, die letzte jener Kleingruben, die

Idylle an der Ruhr, Witten: Freizeit, wo einst die Buddelei nach Kohle begann

jahrzehntelang den Bergbau südlich der Ruhr beherrscht haben, mittlerweile aber ausgestorben sind. Auf den Pütt »Egbert«, wo eine acht Mann starke Belegschaft in 16 Jahren insgesamt 40000 Tonnen Kohle gefördert hat, kam vor vier Jahren der Deckel. Seitdem steht die kleine Zeche mit ihrem bizarren hölzernen Förderturm arbeitslos auf einer Wiese am Waldrand – ein vom Landeskonservator erhaltenes Überbleibsel aus vergangenen Zeiten.

Aber obwohl dieses Gebiet vor allem von Industriegeschichte geprägt wurde, kreuzen sich auch hier die bergbauhistorischen Pfade immer wieder mit denen anderer Epochen. Schacht »Herkules« beispielsweise ist nur einen Steinwurf von den Überresten einer Burg entfernt, die einst die Edlen von Witten gebaut haben, und unmittelbar neben dem Stollen »Carthäuserloch« stehen die Mauern der aus dem 14. Jahrhundert stammenden ehemaligen Wasserburg »Hardenstein«. Mit welch wilden Zeitsprüngen der Betrachter hier konfrontiert wird, zeigt sich auch gegenüber der Ruine »Hardenstein« am anderen Ufer der Ruhr. Hier ein Bild aus der Gegenwart – Schwimmer, Schlauchboote, Grillgeruch, Bierflaschen, Bikini-Mädchen, Männer in Unterhemden, Luftmatratzen, Dackel, Kinderwagen. Dort eine Reminiszenz vom alten Ruhrgebiet – eine ausrangierte Schleuse und das Schleusenwärterhaus von 1835 –, jenen Zeiten, als die Ruhr noch schiffbar war. Auch der Leinpfad ist noch zu sehen, die alte Arbeitsstrecke der Pferde, die auf dieser Route die Kohlenschiffe stromaufwärts ziehen mußten.
Auf dem einst am stärksten befahrenen Fluß Preußens, der 1776 auf Befehl Friedrich Wilhelms II. zwischen Witten und Ruhrort zu einem Schiffsverkehrsweg ausgebaut worden war, herrschen heute die Freizeitkapitäne. Auf unserer Weiterfahrt die Ruhr stromab sehen wir immer wieder Segel- und Motorboote oder auch mal Ausflugsdampfer. Es ist schon spät nachmittags, als wir Burg »Blankenstein« erreichen, von dessen Turm das Tal trotz des Dunstes weit zu überblicken ist. Ein Stück flußaufwärts glänzt eine große Wasserfläche, ein erst vor einem Jahr aufgestauter See, der zur Zeit zu einem großen Freizeitzentrum ausgebaut wird – mit Wander- und Radwegen, Bootshäusern und Badeplätzen, Spiel- und Sportanlagen, Hafenbecken, Regattastrecke, Bootsverleih, Wassersportschule und Fährbootverbin-

dungen. Dreieinhalb Kilometer lang und durchschnittlich 430 Meter breit, hat der Kemnader Stausee, wie er nach einer benachbarten mittelalterlichen Wasserburg benannt wurde, unter anderem den alten »Erbstollen Gibraltar« ersaufen lassen.
Am nächsten Tag, einem trüben, kühlen Sonntag, fahren wir weiter. Zunächst an Sprockhövel vorbei, wo an den Vorsprüngen und Mauerkanten des Schachtturmes der längst stillgelegten Zeche »alte Haase« Grünzeug und kleine Sträucher sprießen, dann nach Hattingen, wo sich an der Ruhrbrücke wieder mal die Zeiten mischen: Leinpfad, alte Schleuse mit der Aufschrift »Friedrich Wilhelm III.«, Segelboote, Campingplatz, Kinder, die kopfüber ins Ruhrwasser springen oder mit Luftmatratzen die malerischen Flußstufen herunterrutschen, und dahinter, groß, mächtig und irgendwie bedrohlich, die Schlote und Türme der »Henrichshütte« der Thyssen AG. Eine Idylle mit einem dunklen Fleck. Ein paar Kilometer weiter, nun schon auf Essener Gebiet, kurz hintereinander die stillgelegten Zechen »Theodor« und »Heinrich« – letztere der düstere Kontrapunkt zu einer neben einem Naturschutzgebiet gelegenen Caravan-Siedlung.
Eine halbe Stunde später sind wir am Baldeneysee. Links ein »Yachtclub Nautico«, rechts eine »Segelschule Aloa«, hier eine »Deichklause«, dort eine Straße namens »Fährenkotten« – und auf der zehn Kilometer langen Wasserfläche eine nicht mehr zu zählende Zahl von weißen und bunten Segeln. Freizeit als Massenbetrieb, Ufer vollgepackt mit umzäunten Clubs und stacheldrahtbewehrten Bootshäusern – nirgendwo sonst an der Ruhr wird die wiedergewonnene Natur so massiv ausgebeutet wie hier. Dabei sind es häufig nur Privilegierte, die mit viel Geld einen Liegeplatz oder eine Mitgliedskarte in einem der vielen Segelclubs ergattert haben – die weniger betuchten Bürger haben allzu oft das Nachsehen.
Hat der Baldeneysee trotz des Massenandrangs am Wochenende durchaus etwas Feines, Exklusives, so ist doch auch hier das Industriezeitalter noch präsent: halb zugewachsen, versteckt im grünen Ufergürtel, dämmert die schmutzig-rote Ziegelruine der Zeche »Carl Funke« vor sich hin, funktionslos geschrumpft auf eine nur noch gelegentlich gebrauchte Gruselkulisse für Tatort-Krimis. Das Wechselbad für Wochenendausflügler könnte kaum größer sein: eben noch der gespenstische Industrietorso und dann, zwei, drei Kilometer weiter, der gepflegt-antiquierte, von

Geld und Adel geprägte frühere Wohnsitz der Krupps – die Villa Hügel.
Die Ruhr, die am Ende des Baldeneysees aus der Staumauer herausfließt, bleibt nur kurze Zeit in ihrem alten schmalen Bett, an dessen Rand sich ein großer Golfplatz erstreckt – schon nach ein paar Kilometern muß sie sich zum fünftenmal auf ihrem Weg zum Rhein zu einem See ausbreiten. Der Kettwiger Stausee, wo gerade das Ausflugsschiff »Stadt Kettwig« anlegt und neue Fahrgäste aufnimmt, ist das letzte und auch kleinste Glied der Ruhr-Seen-Kette. Von dort fließt die Ruhr etwa zehn Kilometer lang in nördlicher Richtung dem heutigen Industriegebiet entgegen. Wir passieren »Schloß Hugenpoet«, unterqueren die elegant geschwungene, von turmhohen Trägern gestützte Talbrücke, die den Weg von Düsseldorf nach Essen zu einem Katzensprung hat werden lassen, und dann sind wir auch schon im Revier, in Mülheim, wo die Ruhr Stationen durchläuft, die in ihrer Reihenfolge geradezu grotesk anmuten: Stadthalle, Friedrich-Wilhelm-Hütte, Schloß Styrum, Viehweiden, Alte Schleuse.
1912, 22 Jahre nach Einstellung der Schiffahrt auf der Ruhr, war für den Fluß hier in Mülheim Schluß: Durch starke Wasserentnahme und wegen der Trockenzeiten versickerte das Wasser einfach im Boden. Durch das Talsperrensystem ist ein solch unrühmliches Ende heute nicht mehr denkbar: Der Zufluß nach Duisburg, die Verbindung zwischen dem Mülheimer Stadthafen und dem größten Binnenhafen Europas, ist gesichert. Als wir das Duisburger Arbeiterviertel Meiderich erreichen, sehen wir die ersten Schiffe auf der Ruhr, deren Verlauf von hier an freilich nur mehr sehr schwer auszumachen ist – das Hafengebiet beginnt, überall zweigen Wasserstraßen ab und verbinden sich zu einem schier undurchschaubaren System von Kanälen und Becken. Keine Spur mehr von Campingplätzen oder Yachtclubs; die Orientierungspunkte hier heißen Ölinsel, Schrottinsel und Erzinsel. Von der Friedrich-Ebert-Brücke, die den Rhein überspannt und den Hafenstadtteil Ruhrort mit Homberg verbindet, ein letzter Blick auf die Ruhr, die sich nach 218 Kilometer Strecke graugrün und träge durch ein Spalier von Kränen und Schornsteinen in den Rhein ergießt. Hier ist das Ruhr-Gebiet wieder Ruhrgebiet.

(geschrieben im August 1980)

Die Neonazis
oder
Alter Geist in jungen Köpfen

Vor dem alten Haus an der Kruppstraße im Bochumer Stadtteil Wattenscheid steht ein VW-Käfer mit der Aufschrift »Ich liebe Deutschland«. Welches Deutschland gemeint ist, erfährt man im 2. Stock des Gebäudes, wo in einem Raum eine Karte zu sehen ist, die »das alte Deutsche Reich in seinen rechtmäßigen Grenzen« zeigt. Andere Zimmer werden von der Büste Bismarcks geschmückt oder von markigen Sprüchen wie diesem: »Wer nicht für Freiheit sterben kann, der ist der Kette wert.«
Hier oben, hinter einer Tür mit der Aufschrift »Propaganda-Abteilung« sitzen an diesem Abend zwei jüngere Männer beisammen, die sich gegenseitig mit »Kamerad« ansprechen und sich so ihre Gedanken machen. Beispielsweise über den Spandauer Gefangenen Rudolf Heß, dem nach Meinung des Kameraden Bernd Dröse (25) »der Friedensnobelpreis gebührt«. Oder über den »Quell deutscher Kraft«, der nach den Erkenntnissen des Kameraden Heinrich Gerlach (29) nicht mehr so recht sprudeln kann, weil das »Völkerchaos« schon zu weit fortgeschritten ist: »Man braucht doch bloß rauszugucken, um zu sehen, wer hier volkstumsmäßig vorherrscht – die Türken.«
Die zwei, die aber wenigstens noch darauf stolz sein können, »daß der Kölner Dom ein Denkmal unserer Kultur ist und nicht irgendeine Moschee oder Synagoge«, äußern sich gelegentlich auch schriftlich: Dann propagieren sie die »Volksgemeinschaft« oder die Einführung der Todesstrafe. »Rot-Front verrecke«, wünschen sie in einer ihrer zahllosen Druckschriften, die CDU wähnen sie schon mal »im Komplott mit Schwulen und Kommunisten«. Und »aufräumen in unserem Vaterland« könnten nur noch sie selber – mit ihrem »Glauben ans ewige Reich« und mit »neuem Geist«, der, wie es auf einer eigenen Schallplatte zackig tönt, »Haß und Klassenschranken im Sturm herunterreißt«.

Tatsächlich aber ist es der alte Ungeist, der bei den jungen Kameraden wieder zum Ausdruck kommt. Bernd Dröse und Heinrich Gerlach haben leitende Funktionen bei den Jungen Nationaldemokraten (JN) Nordrhein-Westfalens, einer Nachwuchsorganisation der NPD. In deren Wattenscheider Landesgeschäftsstelle hat sie sich etabliert, um von hier aus für den »deutschen Sozialismus« zu kämpfen.
Die Jungnationalen sind nicht die einzigen an Rhein und Ruhr, die die Zukunft aus braunem Kaffeesatz lesen. In Düsseldorf kam die Polizei einer »Volkssozialistischen Bewegung Deutschlands/Partei der Arbeit« (VSBD/PdA) auf die Schliche, nachdem sie einen Wagen wegen zu hoher Geschwindigkeit angehalten hatte: Am Steuer und auf dem Beifahrersitz saßen zwei Männer in voller Nazi-Montur, im Kofferraum lagen neonazistische Schriften sowie ein Tonfilm von einer Hitler-Gedächtnisfeier in einer Düsseldorfer Gaststätte.
In Köln befestigten Helfer der amerikanischen NSDAP-Auslandsorganisation (NSDAP-AO) am Bankhaus Oppenheim 30 Hakenkreuzplakate mit der Aufschrift: »Kauft nicht bei Juden!« In Münster konstatierte die »Gesellschaft für Christlich-Jüdische Zusammenarbeit« eine »wachsende Zahl judenfeindlicher Handlungen«, die, einzeln aufgezählt, eine bedrückende Bilanz ergeben: Hakenkreuze und NS-Parolen am Rathaus, am Regierungspräsidium, am Fernmeldeamt, an der Synagoge, am Institutum Judaicum und Verwüstungen auf dem jüdischen Friedhof.
Am deutsch-belgischen Grenzübergang bei Aachen fanden Zollbeamte im D-Zug 433 von Paris nach Köln einen Koffer mit tausend nachgedruckten Exemplaren des nationalsozialistischen Kampfblattes »Völkischer Beobachter«. Bestimmt waren die Hetzschriften offenbar für eine geplante Gegendemonstration zu einer antifaschistischen Kundgebung in Köln am vorvergangenen Wochenende. Und im niederrheinischen Bocholt schließlich wurde gerichtsnotorisch, daß ein gewisser Wilhelm Wübbels aktiv für den Wiederaufbau der NSDAP eintritt. Für den Versand von Nazipropagandamaterial benutzte er zur Tarnung gerne den Stempel eines Hospitals als Absender.

An der Spitze der Bewegung aber stehen die Jungen Nationaldemokraten. Seit Anfang der Siebzigerjahre existent, ist diese Vereinigung noch bis vor kurzem kaum aufgefallen – weder in der

Öffentlichkeit noch beim Verfassungsschutz, in dessen letztem Bericht sie nur kurz erwähnt wird. Doch neuerdings sind die Jungnationalen in NRW kaum noch zu übersehen und zu überhören.
»Eine kleine, aber sehr aktive und gewalttätige Gruppe«, urteilt der DGB-Landesjugendsekretär Guntram Schneider über die JN-Aktivisten, die sich bereits in einem halben Dutzend nordrhein-westfälischer Städte eingenistet und das Land mit einem Netz rechtsradikaler Schüler- und Jugendzeitschriften überzogen haben. In Hagen ist es »Der Angriff«, in Detmold »Der Umbruch«, in Dortmund »Die Zeitbombe«. Regen Kontakt pflegen die Rechtssektierer, die vor allem um arbeitslose Jugendliche buhlen, mit gleichgesinnten ausländischen Organisationen – beispielsweise mit den faschistischen türkischen »Grauen Wölfen«, die Gerlach gern als »Pfadfinder-Organisation« ausgibt.
Vor allem im östlichen Ruhrgebiet sind die jungen Radikalen mittlerweile so aktiv, daß die »Westfälische Rundschau« besorgt konstatierte: »Neonazis rüsten auf.« Bereits ist in Kamen eine »Anti-faschistische Initiative« gegründet worden, und der Vorsitzende des SPD-Unterbezirks Unna, der Bundestagsabgeordnete Udo Fiebig, appellierte an seine Mitbürger, »mit uns gemeinsam dem Neo-Nazismus entgegenzutreten«.
Auf dem Parteitag des mächtigen SPD-Bezirks Westliches Westfalen am letzten Wochenende widmete dessen Vorsitzender Hermann Heinemann eine längere Passage seiner Rede dem »neonazistischen Ungeist«. Es sei für ihn betrüblich, sagte Heinemann, feststellen zu müssen, »daß diese menschenverachtenden, faschistischen Trupps sich auch im Revier bemerkbar machen«. Der Jungnationalen »lauter Schrei – macht Deutschland endlich frei« (Schallplattentext) ist auch schon bis in die Landeshauptstadt Düsseldorf gedrungen, wo er den DGB-Landesbezirks-Vorsitzenden Siegfried Bleicher alarmierte: In einem persönlichen Schreiben an Ministerpräsident Heinz Kühn machte er mehrere Vorschläge, wie die »neo-nazistischen Aktivitäten verhindert werden« könnten.
Zusätzliche gesetzgeberische Schritte oder Aufklärung in Schule und Öffentlichkeit, wie von Bleicher gefordert, wären freilich allenfalls langfristig wirkende Maßnahmen. Dabei wäre schon manchmal schnelles Eingreifen vonnöten gewesen – etwa als der jüdische Schriftsteller Edgar Hilsenrath (»Der Nazi und der Fri-

seur«) bei einer Dichterlesung in Kamen von JN-Mitgliedern eingeschüchtert und – laut Ohrenzeugen – als »Saujude« beschimpft wurde. Hilsenrath erinnert sich: »Sie trommelten im Takt auf den Tisch und sprengten schließlich die Lesung. Augenzeugen haben mir gesagt, daß sie Fahrradketten bei sich hatten.«
Bei einer zweiten öffentlichen Lesung in der Nachbarstadt Bönen waren die Neo-Nazis wieder da, um dem Schriftsteller zu erklären, daß der israelische Ministerpräsident Begin ein »steckbrieflich gesuchter Massenmörder« gewesen sei, dessen »zionfaschistische Genossen schwangeren arabischen Frauen die Bäuche aufgeschlitzt« hätten. Hilsenrath zog es vor, in einer Privatwohnung zu lesen. Bei einem dritten Versuch in der Dortmunder Stadtbibliothek wurde der Autor nicht nur von JN-Aktivisten, sondern auch von linken Chaoten erwartet – eine Szene, die, so Hilsenrath, »aus der Weimarer Republik stammen könnte«.
Der Vorfall, urteilte Nordrhein-Westfalens Innenminister Burkhard Hirsch, sei zwar »bedauerlich«, könne »eine signifikante Zunahme neonazistischer Aktivitäten« jedoch nicht belegen. Überhaupt seien in Nordrhein-Westfalen »ausgeprägte Schwerpunkte krimineller Aktivitäten rechtsextremistischer Gruppen nicht feststellbar«; Aktivitäten neo-nazistischer Art beschränkten sich »auf vereinzelte NS-Propaganda-Delikte«. Die Mehrheit der Rechtsextremen lehnt laut Hirsch »Gewalttaten ab und distanziert sich von neo-nazistischen Bestrebungen«.
Das behauptet auch der NPD-Nachwuchs von sich: Ein Nazi, sagt etwa Bernd Dröse, könne er schon aus »biologischen Gründen« nicht sein: »Dann müßte ich ja bereits als Embryo ›Sieg Heil‹ geschrien haben.« Mit Herrn Hilsenrath habe man nur »diskutieren« wollen, und im Kommunalen Kino in Dortmund sei es nur darum gegangen, wieder mal die 1. Strophe des Deutschland-Liedes zu singen. Die anderen Besucher des Films »Nazis, gibt's die noch?« empfanden die von rhythmischem Klatschen untermalte Gesangseinlage freilich als Provokation – und als Antwort auf die Filmfrage. Anderntags berichtete eine Lokalzeitung von »beklemmender Atmosphäre im Kommunalen Kino« und zitierte einen Besucher: »Lehrreicher als die Vorstellung dieser jungen Rechten kann kein Film sein.«

Auf solche öffentlichen Auftritte werden die jungen Nationalen systematisch vorbereitet: In einem umgebauten ehemaligen

Gesindehaus auf dem Gelände des Gutshofs »Barenbräuker« in Kamen, das der NPD-Funktionär Karl-Heinz Harting zur Verfügung stellte, finden sich seit vier Jahren allwöchentlich junge Leute zu regelmäßigen Schulungen ein. Mehr als 600 JN-Zöglinge sollen dieses Ausbildungszentrum (Volksmund: »Adolf-Hitler-Haus«) mit seinen Gemeinschafts-, Schlaf-, Schulungs- und Büroräumen bereits durchlaufen haben.

Und an Neuzugängen scheint kein Mangel zu sein: Meist sind es arbeitslose Jugendliche, kaum älter als 15 oder 16 Jahre, die hier in Theorie und Praxis unterrichtet werden. Das Aufbauen eines Info-Standes wird ebenso geübt wie die freie Rede oder das Verhalten bei Demonstrationen. Im Fach Staatsbürgerkunde müssen die Adepten ihr Wissen über die »herrschenden Lizenzparteien« in der Bundesrepublik oder die »roten Mordbestien« in der DDR erarbeiten und später in Klassenarbeiten unter Beweis stellen.

Für körperliche Ertüchtigung sorgen regelmäßige Zeltlager – so wie jetzt auch wieder zu Pfingsten. Unter dem Leitwort »Alles für Deutschland« wollen sich die JN-Mitglieder bei Fußballturnieren, Kameradschaftsabenden und »Wissenswettbewerben« für eine Kundgebung in Dortmund trimmen. Motto: »Mauermörder raus aus Dortmund.« Kaum ein Wochenende, an dem sie nicht im Einsatz wären; keine größere Stadt in Nordrhein-Westfalen, die sie noch nicht heimgesucht hätten. Für einen Aufmarsch in Bochum beispielsweise suchten sie sich ausgerechnet einen Platz aus, der nach einem von Nazis umgebrachten Arbeiterführer benannt ist.

Solche Provokationen rufen regelmäßig Gegendemonstranten auf den Plan – was den Jungnationalen freilich nur recht ist, weil erst Schlägereien mit ihren Gegnern den Auftritten die sonst fehlende Publizität verleihen. Außerdem weiß Dröse, daß dadurch »unsere Reihen nur gefestigt« werden: »Wir haben schon erlebt, daß unseren 14jährigen die Wurfgeschosse um die Ohren flogen, da waren welche blutüberströmt, aber sie sind keinen Meter gewichen.«

Die Ordnungshüter machen in solchen Auseinandersetzungen nicht immer die glücklichste Figur. Nicht nur der »Gruppe Kamener Anti-Faschisten« fiel auf, daß die Polizei bei JN-Kundgebungen ihre Schutzfunktion sehr intensiv ausübte, während sie beispielsweise für die zweite Hilsenrath-Lesung in Bönen – trotz eindringlicher Bitte des Veranstalters – keinen einzigen Beamten übrig hatte. Als aber in Unna die sozialistischen »Falken« im Fenster ihres Büros mit einer Hitler-Karikatur auf die NS-Renaissance aufmerksam machten, da waren sogleich zwei Verfassungsschutzbeamte aus Hamm zur Stelle. Mit aller Sorgfalt wurde das Büro inspiziert, kontrolliert und photographiert – wegen des »Verdachts der Verherrlichung von Nazi-Symbolen«.

(geschrieben im April 1978)

Die Tauben
oder
Heiße Liebe zu Feuersängers Tochter

Wie auf Kommando hebt das Dutzend Tauben flügelklatschend vom Dachfirst ab, formiert sich in der Luft zu einem Pulk, dreht eine schnelle Runde über dem Haus, steigt dann steil nach oben, zieht eine weite Kurve und nimmt schließlich Kurs in östlicher Richtung, den Schloten und Gebäuden von Zeche und Kokerei »Osterfeld« entgegen. Es dauert ein paar Sekunden, da sind sie nur noch als winzige, dunkle Punkte am milchig-weißen Himmel über Oberhausen zu sehen. Und umgekehrt? Ob die Tiere aus ihrer Vogelperspektive die vertraute Umgebung auf der Erde wohl erkennen – die Eisenheimer Straße, das alte Zechenhaus, den Hinterhof, den Garten mit den Gemüsebeeten und ihr Zuhause, den rußgeschwärzten Taubenschlag? Ob sie am Ende gar die beiden Männer sehen können, den Gustav und den Manni Heldt, wie sie da stehen – Kopf im Nacken, Handfläche waagerecht über den Augen – und angestrengt den Himmel absuchen nach ihren Tauben? Nein, natürlich nicht, längst haben sie auf ihrem schnellen Flug die kleine Zechenkolonie Eisenheim aus den Augen verloren, sind vielleicht schon über Essen, vielleicht über Bottrop. Aber dann, urplötzlich, tauchen sie wieder auf und kommen herangeschossen – eine Schleife, Landeanflug, Abbremsmanöver mit den Flügeln, und schon stehen sie wieder auf dem Dach über ihrem Schlag, balancieren hierhin, dorthin, picken Körner. »Sind gut abgezogen heute, was Manni?« sagt Gustav zu seinem Bruder.

Gustav und Manni Heldt sind Taubenzüchter. Sie besitzen etwa 250 Brieftauben. Aber was heißt schon »besitzen«? »Da häng' ich dran«, sagt Manni, »auf alles könnt' ich verzichten – auf die Tauben nicht.« Manni Heldt ist ein großer, stämmiger Mann mit blonden Locken, runden, fast rosigen Backen und auffallend großen, aber sehr weichen Händen. Er arbeitet als Putzer am Bau. Vor Jahren hat er mal einen schweren Arbeitsunfall gehabt, bei dem das Knie, Lenden- und Halswirbel verletzt wurden. Manni ist 39 Jahre alt, sein Bruder Gustav acht Jahre älter. Er ist ein anderer Typ, härter im Gesichtsausdruck. Mit dem streng zurückgekämmten, seitlich gescheitelten dunklen Haar hat er ein bißchen Ähnlichkeit mit Ernst Kuzorra, dem alten Schalker Fußballidol. 31 Jahre Arbeit als Schlosser auf der nahe gelegenen Zeche »Osterfeld« haben ein altes Bandscheibenleiden so verschlimmert, daß er jetzt mit 47 Jahren Invalide und Rentenempfänger wurde. Gustav und Manni haben einen schwerkranken Bruder, einen ehemaligen Kohlenhauer, den zwei böse Unfälle auf Zeche »Osterfeld« zum Pflegefall gemacht haben. Um den kümmern sie sich sehr nett. Manni und Gustav haben jeder auch Familie – vor allem aber haben sie ihre Tauben.

Die beiden sind mit Tauben aufgewachsen. In Eisenheim, einer kleinen Arbeitersiedlung zwischen Zeche und Autobahn, hatten früher viele Häuser einen Taubenschlag – natürlich gab es auch einen bei den Heldts in der Eisenheimer Straße 2a. Vater Heldt, Gesteinshauer auf Zeche »Osterfeld«, hatte nach dem Krieg den alten Schweinestall hinterm Haus umgebaut und Tauben reingesetzt. 20 Stück. Anfang der Fünfzigerjahre ging es dann auch wieder mit dem »Schicken« los – so nennen die Taubenzüchter die Wettflüge ihrer gefiederten Renntiere. Da war der alte Heldt mit seinen Jungen natürlich mit dabei. Gustav erinnert sich noch genau, wie das war damals, wie sie Mitglieder im Verein »Auf nach Eisenheim« wurden und wie sie samstags zusammen mit den anderen Züchtern in der gemeinsamen »Reisevereinigung« (RV) die Tauben zu Tausenden in Körbe verluden und am Südbahnhof Osterfeld mit der Bahn verschickten – nach Osnabrück und Hamburg, nach Flensburg oder sogar ins 740 Kilometer entfernte dänische Skagen.
Alle Tauben, Zahlen und Entfernungen weiß Gustav noch ganz genau – »so was hat man im Kopp«. Und er kann auch spannend erzählen, wie sie dann sonntags vor dem Schlag gesessen, auf die Rückkehr ihrer Tiere gewartet und immer wieder den Himmel abgesucht haben, wie schließlich die erste Taube kam, wie sie ihr eilig den Gummiring mit der Teilnehmernummer vom Fuß gezogen, in eine Metallhülse gesteckt und diese einem Jungen in die Hand gedrückt haben, und wie der dann zur Konstatier-Uhr gerast ist, die damals während der Wettflüge (auch Konkurse

Gustav Heldt (links), Manni Heldt (rechts), Taubenzüchter, Oberhausen-Eisenheim: Wenn du vonne Maloche kommst oder wenn Ärger is oder Palaver mit der Frau und du gehst dann in'n Taubenschlag – dann is alles vorbei

Gustav Heldt, Taubenschlag: Komm, Dicken, komm

genannt) immer an einem zentralen Platz in der Kolonie stand. Diese alte Holzuhr, im Aussehen einer Kaffeemühle ähnlich, entschied über Sieg oder Niederlage, über gewonnene oder verlorene Geldeinsätze, machte aus Tauben »Spitzenflieger« oder Versager. Sie hielt die Ankunftszeit unbestechlich fest – sobald die Hülse mit der Nummer durch eine Öffnung gesteckt und ein Vierkantschlüssel herumgedreht worden war. »Klack« machte sie dann, und durch ein kleines Fenster in der Holzwand konnte man die Uhrzeit auf drei Ringen ablesen – einen für die Stunde, einen für die Minuten und einen für die Sekunden.
Es war dann immer sehr aufregend sonntags abends »Bei Marx« in der Bottroper Straße, wenn die Uhrenkommission der Reisevereinigung die Uhr öffnete, Teilnehmernummer und Ankunftszeit auf den jeweiligen Konstatierkarten eintrug, und wenn schließlich der Geschäftsführer die Fluggeschwindigkeit der einzelnen Tauben ausrechnete und danach die Preisliste aufstellte. Da wurde dann mit dem Bleistift gerechnet, da kam es auf Sekunden und die dritte Stelle hinterm Komma an – und manchmal dauerte es fünf Tage, bis die endgültige Liste feststand. Inzwischen ist vieles anders geworden. Heute wird die Fluggeschwindigkeit auf elektronischen Taschenrechnern ausgerechnet, und die Preistabelle ist oft schon am Sonntagabend fix und fertig. Längst werden die Tauben nicht mehr am Südbahnhof verladen, sondern mit einem Speziallastwagen, der »Kabinenexpreß« genannt wird, zum Auflaßort transportiert. Und die alte aufziehbare Vereinsuhr, die hat schon seit langem ausgedient. Heute hat jeder Züchter eine eigene moderne, batteriebetriebene Quarzuhr.

Entscheidender aber war ein anderer Wandel. Die alten Eisenheimer Züchter starben nach und nach aus, die Jungen hatten kaum Interesse an den Tauben, und der Verein »Auf nach Eisenheim« mußte sich mangels Mitgliedern auflösen. Die einzigen Eisenheimer Züchter, die übriggeblieben waren, schlossen sich dem Nachbarverein »Teure Heimat« an. Es waren dies die Gebrüder Heldt. Sie hatten den Schlag nach dem Tod ihres Vaters übernommen, der 36 Jahre Maloche im Pütt mit einer hundertprozentigen Staublunge bezahlen mußte. Für Gustav und Manni wurden die Tauben zu einem Hobby, von dem sie sagen: »Da tun wir alles für.« Sie verzichteten auf Autos, fuhren statt

dessen mit dem Moped und investierten das gesparte Geld in die Schlaganlage, die bald vergrößert wurde: Nach den Schweinen mußten nun auch Hühner und Gänse den Tauben weichen.
In kurzer Zeit summierte sich die Zahl der Tauben hinterm Haus auf über 200 – für den Fremden ein undurchschaubares Gewirr von Vögeln, aber Gustav sagt: »Wenn Sie mich nach einer Taube fragen, wo ich die Ringnummer nicht kenne, die könn' Se mitnehmen.« Und tatsächlich hat er einen genauen Überblick, wenn er morgens beispielsweise im Zuchtschlag sitzt und die Futterrinne mit Körnern füllt – hier, der dunkle Scheck, das ist die Nummer 755, ein Sohn von belgischen Desmeth-Eltern, »den haben wir in Recklinghausen für 380 Mark ersteigert«; dort, die Nummer 428, »ist 'n oller reiner Jansen«, ein Vogel aus der berühmten belgischen Jansen-Zucht, »der kam vor neun Jahren über den Züchter Arthur Feuersänger aus Gelsenkirchen-Buer zu uns in den Schlag«; und die da drüben, die so aufgeregt flattert, die blaue Taube, die hat die Nummer 382, »ist unsere beste Zuchttäubin und sitzt jetzt an dem alten Feuersänger dran«; und da in der Ecke, vor der Nistzelle, »nein, nicht der rote Scheck, weiter oben, ja, die mit dem einfach gehämmerten Federkleid«, die 98er, »das is 'ne Tochter vom Feuersänger, da könn' Se mir 5000 Mark für geben, die könn' Se nich kaufen.«
Gustav macht eine Pause. Er greift zur Futterbüchse und schüttet noch eine Handvoll Körner in die Futterrinne, wobei er sich bemüht, nichts danebenfallen zu lassen. Er sagt: »Da braucht bloß 'n Korn rumzuliegen, eine Taube scheißt drauf, und wieder 'ne andere frißt das – und schon haste Malässe mit Krankheiten.« Allein der Gedanke läßt ihn sogleich einen alten Plastikeimer und eine Spachtel holen, mit der er den Preßplattenboden im Schlag sorgfältig abkratzt. Die Spachtel hat er wie einen Spaten an einer Holzstange befestigt, damit er sich nicht bücken muß. Die kaputte Bandscheibe schmerzt ständig.
»Wenn ich 'ne Taube seh', die krank ist, die kriegt direkt den Kopf ab.« Gustav macht eine Drehbewegung mit der rechten Hand und nickt bekräftigend ein paarmal mit dem Kopf. »Wenn Se auf so 'nem Schlag erst mal 'ne Krankheit haben«, er macht eine wegwerfende Handbewegung, »so viele Medikamente könn' Se gar nich beschaffen.« Beim Füttern nehmen sich Manni und Gustav immer sehr viel Zeit. Für beide ist es ein altgewohntes und wichtiges Ritual. Gustav, der im Schlag seine alten Zechen-

Gustav Heldt, Taubenschlag: Da ist echt Vertrauen zu den Tauben

hosen aufträgt und stets einen grauen Kittel anhat, rückt einen Schemel immer so zurecht, daß er sich gemütlich an die Wand anlehnen kann. Dann spricht er mit den Tieren, ruft, lockt, flötet, und seine Stimme hat auf einmal einen weichen Klang. »Komm, Dicken«, gurrt er, »komm, Dicken, komm.« Und dann kommen sie auch, setzen sich auf die Knie, auf die Schulter, manchmal auch auf den Kopf. Deshalb hat Gustav im Schlag meist eine Kappe auf. Er sagt: »Da ist echt Vertrauen zu den Tauben.« Wenn Manni füttert, bekommt sein Gesicht einen warmen, zärtlichen Ausdruck. »Mit 'ner Taube kann man sich unterhalten wie mit 'nem Mensch, und die danken das einem auch, indem sie so lieb und zahm sind.« In seinen großen und schweren Händen, an denen meist noch kleine weiße Putzreste zu sehen sind, wirken Tauben wie eingekuschelt in einem Nest. Manchmal steckt sich Manni Erdnußkerne zwischen die Zähne und die Tauben picken sie heraus.

Manni sagt: »Wenn du vonne Maloche kommst oder wenn Ärger is oder Palaver mit der Frau, und du gehst dann in 'n Taubenschlag – dann is alles vorbei. Wie aufgetankt kommt man dann wieder raus. Wirklich schön.« Aber das Schönste für ihn ist, wenn er im Zuchtschlag sieht, »wie die ranwachsen, die kleinen

Kerls, und man sich schon Hoffnungen machen kann«. Solchen Hoffnungen liegt der bei jeder jungen Taube wiederkehrende Wunsch zugrunde, daß sie zu einem Spitzenflieger heranwachsen möge. Denn der Lohn für die ganze Mühe, für den Verzicht auf Urlaub, für die hohen Futterkosten, für die ständigen Modernisierungen und Verbesserungen am Schlag soll ja die Freude über den Konkurserfolg einer Taube sein.

Die Konkurrenz freilich ist sehr groß. »Teure Heimat« bildet mit fünf anderen Vereinen die Reisevereinigung Osterfeld-Nord – mit »Donner«, »Blitz«, »Neue Hoffnung«, »Ohne Furcht« und »Heimat Rotebusch«. Und diese Reisevereinigung wiederum bildet eine gemeinsame Fluggemeinschaft mit 31 Vereinen der RV Oberhausen-Ost. Da sind es dann oft Tausende von Tauben, die in Oberhausen miteinander auf Wettflug gehen – so wie überall im Ruhrgebiet, wo rund 30000 Züchter die noch immer große Bedeutung des Taubensports für die Freizeit der Reviermenschen dokumentieren. Die Tauben der »Teuren Heimat« fliegen seit Jahren nach dem gleichen Reiseplan: erst drei kürzere Vortouren im April und dann im Mai und Juni sechs Preisflüge, bei denen die Tauben mit dem »Kabinenexpreß« schon bis zu 385 Kilometer wegtransportiert werden. Am Ende der Saison schließlich stehen sehr schwere Touren, die zum Teil von Dänemark aus gestartet werden, auf dem Flugplan.
Vor jedem Flug setzen sich Manni und Gustav zusammen, hantieren mit Tabellen und Listen und füllen Blätter aus, die in verschiedene Spalten eingeteilt sind und »Einsetzliste« heißen. Auf eine Taube kann man maximal 10,10 Mark setzen; »voll spielen« nennen das die Züchter. Eine voll gespielte Taube kann, wenn sie als eine der ersten zurückkommt, ihrem Besitzer bis zu 70 Mark bringen. Gustav und Manni entscheiden über die Höhe des Einsatzes je nachdem, welchen Eindruck die jeweilige Taube in den vorangegangenen Tagen gemacht hat und wie flott sie im Training geflogen ist. In aller Regel aber setzen sie viel Geld. Schikken sie 40 Tauben, sind »20 Volle« keine Seltenheit. Das Risiko: Bei einem Konkurs kann immer nur jede vierte Taube einen Preis machen, 75 Prozent fliegen stets vergeblich.
Und dann sitzen die Brüder, oft umringt von Nachbarn aus der Siedlung, sonntagmittags vor dem Schlag – ein bißchen unruhig und nervös, weil sie ja nun nichts mehr tun können außer warten

Gustav und Manni Heldt, Pokale, Urkunden: Unser Stolz war immer, in der obersten Spitze mitzuschicken

u. 1. Derby's
Osterfeld-Nord
in Gladbeck
des 1. Preises der
mit 93 Punkten

und hoffen, daß alles glatt geht und nicht wieder so ein Unglück passiert wie 1975, als die Tauben in Flensburg bei schönstem Wetter aufgelassen, dann aber während des Fluges von einer Schlechtwetterfront mit Regen und Nebel überrascht wurden. Sechs Tauben kamen damals durch, erinnert sich Gustav, »die anderen zwölf fliegen heute noch«. Normalerweise aber finden Tauben selbst bei größten Entfernungen zurück in den Heimatschlag – ein Phänomen, das sich bis heute keiner so recht erklären kann. Im Revier sagen die Leute: »Die haben dat Lenkrad im Kopp.«
Sicher hingegen weiß man, warum Tauben mit oft sehr großen Geschwindigkeiten zurückrasen. Es ist dies die Folge der auch von den Heldts angewandten Witwerschafts- oder Schonmethode. Dabei werden Männchen und Weibchen, die sonst ein enges Zusammenleben pflegen, für mehrere Tage voneinander getrennt; der Witwer wird dann nicht mehr von piepsenden Jungtieren gestört, braucht niemanden zu füttern, kann allein fressen und sich aufbauen, so lange, bis er schließlich »fast platzt vor Energie und Unternehmungslust« (Gustav Heldt). In dieser Verfassung wird er für die Reise eingekorbt – freilich nicht, ohne daß man ihn vorher noch einmal ganz kurz seinem Weibchen zeigt. Dies, so wissen die Züchter, ist dann der entscheidende Antrieb für den Vogel, auf dem schnellsten Weg nach Hause zurückzukehren, wo er dann eine Stunde mit dem Weibchen turteln darf, ehe er für den nächsten Flug wieder isoliert wird.
Quälerei? Gustav zuckt mit den Schultern. »Is doch 'ne Schonmethode. Das Männchen wird doch geschont.« Da muß er freilich grinsen. »Und außerdem«, sagt er, »nach einer Woche ist das Liebesspiel viel größer, als wenn die jeden Tag zusammen wären.« Nun muß er noch mehr grinsen. Jedenfalls haben die Brüder mit dieser Methode viel Erfolg gehabt. Dieses Jahr beispielsweise haben sie mit fünf Tauben auf zwölf Touren 35 Preise gemacht und sind damit 2. RV-Meister geworden. Gustav sagt: »Unser Stolz war immer, in der obersten Spitze mitzuschicken.«
In den Wohnzimmern von Manni und Gustav sind Wände und Vitrinen geschmückt mit Urkunden, Pokalen und Plaketten – nicht nur für erfolgreiche Flieger, sondern auch für besonders schöne Tauben, die bei »Experten-Schönheitsschauen« ausgezeichnet wurden. Hier ein pompöser Pokal mit einer Krone,

einer vergoldeten Taube und der Aufschrift »Bestsieger und Vereinsmeister im Jungfliegen 1974«, dort ein von Möbel Scholl gestifteter Wanderpreis für das »beste Weibchen im Kreisverband 4«. Bei Gustav im Fernsehzimmer hängt die Urkunde für die »Gesamtbestleistung« bei der Expertenschau in Castrop-Rauxel neben dem Hochzeitsphoto.

(geschrieben im September 1980)

Kumpel, Zeche »Minister Stein«, Dortmund: Ein Bergmann will ich werden / das ist ein Stand auf Erden, geachtet weit und breit / So ist mein ganzes Streben / In meinem jungen Leben / Für jetzt und alle Zeit

Die Kohle

oder

Die alten Lieder vom Kumpel ertönen wieder neu

Der nordrhein-westfälische Ministerpräsident Johannes Rau erkannte »für die Zukunft unseres Bergbaus ein deutliches Zeichen«. Gesehen hatte er es im Baufeld Victoria 1/2 des Bergwerks Gneisenau in Dortmund-Derne. Dort nämlich wurde dieser Tage die Kohleförderung wieder aufgenommen, was der Düsseldorfer Staatskanzlei ein Glückwunschtelegramm an die Bergbau AG Westfalen wert war. Rau freute sich vor allem deshalb so besonders, »weil hier eine vor fünfzehn Jahren voreilig stillgelegte Anlage in die Produktion zurückgeholt wird«. Neben einem herzlichen »Glückauf« fügte er noch einen Spruch an, der in den vergangenen zwei Jahrzehnten in Nordrhein-Westfalen allenfalls Hohn und Spott herausgefordert oder aber als Beweis für besonderen Zynismus gegolten hätte: »Unser Bergbau hat Zukunft.«

Daß man solche Feststellungen heute wieder guten Gewissens treffen kann, deutet auf einen Trend hin, der auch schon andernorts erkannt wurde. Wolfgang Gatzka, Leiter der Abteilung Verkaufsplanung bei der Ruhrkohle AG (RAG), sieht für den Bergbau »wieder eine Perspektive«. RAG-Betriebsrat Klaus Hüls weiß, daß sich »der Bergmann heutzutage wieder als was Besonderes verkaufen läßt«. In ihrer Mitgliederzeitung »Einheit« sieht die IG Bergbau und Energie just zum Zeitpunkt ihres neunzigjährigen Bestehens das »Schwarze Gold in neuem Glanz«.
Kohleöfen sind so gefragt, daß die Produktion kaum noch nachkommt. Das Gewerkschaftsblatt »Einheit« entwarf bereits voller Genugtuung die »Kleinanzeige für morgen: Biete Mercedes, suche Kohleofen«. Euphorie, obwohl allenthalben vor ihr gewarnt wird, macht sich breit im Kohleland Nordrhein-Westfalen: zwar liegen noch 10,2 Millionen Tonnen Kohle auf Halde, aber gleichwohl wird schon von einer Kapazitätsausweitung bei der Förderung gesprochen. Obschon mit dem Bau der ersten

Koks-Halde, Bottrop:
Biete Mercedes, suche
Kohleofen

Versuchsanlage gerade erst begonnen wurde, wird bereits eifrig mit den Ertragszahlen jongliert, die die geplanten Hydrierwerke, auch »Kohle-Öl-Fabriken« genannt, dermaleinst erbringen sollen. Freilich, sowenig einerseits Anlaß zum Überschwang besteht, so sehr hat man andererseits guten »Grund zur Zuversicht« (Rau): Nach dem Ölschock, so scheint es, steht die Kohle vor einem Comeback.
Deutlichstes Indiz für eine Renaissance der Kohle aber sind Aktivitäten der RAG am Nordrand des Reviers, dort, wo unter dem südlichsten Zipfel des Münsterlandes noch gewaltige Kohlevorräte lagern. Um sie zu erschließen, müssen neue Schächte abgeteuft werden – keine Förderschächte (das haben die Umwelt- und Naturschützer mit Erfolg zu verhindern gewußt), wohl aber Wetterschächte (zur Belüftung der Untertage-Anlagen) und Seilfahrtschächte für die Einfahrt der Kumpels. Die Kohle, die dort unter idyllischer Landschaft abgebaut werden soll, will man unter Tage zu bereits bestehenden Förderschächten transportieren.
Neun solcher Wetter- und Seilfahrtschächte sind bereits im Bau oder stehen kurz davor. Die Zechen »Haus Aden«, »Monopol«, »Westerholt«, »General Blumenthal«, »Prosper« und »Walsum« werden davon profitieren. Dies ist freilich erst der Beginn einer Entwicklung, an deren Ende die Grenzen des Kohlereviers bei Dülmen und Raesfeld, also nicht mehr weit entfernt von Münster, liegen könnten – Schreckensvision für die Naturfreunde, die sich dann abermals dem klassischen Zielkonflikt gegenübersähen: hie Arbeitsplätze, dort Umweltschutz. Die RAG hat jedenfalls langfristig das südliche Münsterland fest im Visier.

Damit scheint nun tatsächlich ein neues Kapitel in der Geschichte des Ruhrbergbaus zu beginnen, in deren wechselvollem Verlauf Aufschwung und Niedergang, Hoffnung und Depression, Elend und Euphorie stets dicht beieinanderlagen. Wie sonst hätten Ende des letzten Jahrhunderts zwei so unterschiedliche Gedichte über den Bergmann entstehen können – von Stolz geprägt das eine, von Verzweiflung diktiert das andere?
»Ein Bergmann will ich werden
Das ist ein Stand auf Erden, geachtet weit und breit
So ist mein ganzes Streben
In meinem jungen Leben
Für jetzt und allezeit«,

so reimte 1884 Hermann Kätelhön. 17 Jahre vorher hatte Heinrich Kämpchen geschrieben:

»Kein schofler Los, als Bergmann jetzt zu sein
Und kein Geschick so jämmerlich und trübe
Zum Bagno-Sträfling fehlen ihm allein
Die Ketten nur noch und die Peitschenhiebe.«

Am Anfang stand die Hoffnung. Geweckt wurde sie beispielsweise auf Werbeplakaten, die um 1880 herum im Osten Europas aushingen – so wie jenes, das 1887 in masurischen Wirtshäusern zu finden war: »Masuren! In rheinländischer Gegend, umgeben von Feldern, Wiesen und Wäldern, den Vorbedingungen guter Luft, liegt ganz wie ein masurisches Dorf abseits vom großen Getriebe des westfälischen Industriegebiets eine reizende, ganz neu erbaute Kolonie der Zeche Viktoria bei Rauxel. Zu jeder Wohnung gehört ein sehr guter und trockener Keller, so daß sich die eingelagerten Früchte, Kartoffeln und so weiter sehr gut halten werden. Ferner gehört dazu ein geräumiger Stall, wo jeder sich sein Schwein, seine Ziege oder seine Hühner halten kann... Überlege sich also jeder die Sache reiflich. Die Zeche will keinen aus der Heimat weglocken, sie will nur solchen ordentlichen Menschen, die in der Heimat keine Arbeit oder nur ganz geringen Verdienst haben, helfen, mehr zu verdienen und noch extra zu sparen, damit sie im Alter nicht zu hungern brauchen...«
Kein Wort über die unmenschlichen Arbeitsbedingungen vor Ort! Wie auch anders: »Je weniger ein Mann von den gnadenlosen Arbeitsbedingungen einer Ruhrgebietszeche wußte«, schreibt der Revierschriftsteller Josef Reding, »um so eher war er bereit, den Anpreisungen des Rekrutenwerbers für die Armee der Kohlenhauer zu glauben.« Die Realität war dann oft grausam. Die Kumpels sprachen nicht von Arbeit, sondern von »Maloche«. Es gab Neun- und Zehn-Stunden-Schichten mit der Auflage, auch noch Überschichten abzuleisten; die Personalabteilungen der Zechen führten Arbeitsbücher mit Führungszeugnissen und schwarzen Listen, die sie untereinander austauschten; die Kumpels waren unterbezahlt, wurden für geringe Nachlässigkeiten mit hohen Geldstrafen belegt und auch sonst von den Zechenbeamten schikaniert.
Hinzu kam die »sträfliche Vernachlässigung von Schutzmaßnahmen und -vorrichtungen« (Reding) vor allem für die Untertagear-

Kumpel, Zeche »Minister Stein«, Dortmund: Kein schofler Los, als Bergmann jetzt zu sein / Und kein Geschick so jämmerlich und trübe / Zum Bagno-Sträfling fehlen ihm allein / Die Ketten nur noch und die Peitschenhiebe

beiter. Der Hauer Ferdinand Pawlek schreibt 1899 in einem Leserbrief an die »Gelsenkirchener Volkszeitung«: »Gegen Ende des 19. Jahrhunderts Bergmann an der Ruhr zu sein, ist doppelt gefährlich. Im Streb droht in jedem Moment einem das Hängende auf den Kopf zu fallen, und über Tage kriegt man die Plempe eines Gendarmen zu spüren oder den Gewehrkolben eines Militärs, wenn man nur den Mund aufmacht und satt zu essen und menschenwürdig zu wohnen für sich und die Familie fordert. Wer heute Bergmann ist, der rangiert für die Obrigkeit gleich neben dem Haustier...«

Arbeitersiedlung Dunkelschlag, Oberhausen:
Das getretene Herz ist noch immer wund

Die katastrophalen Arbeitsbedingungen und die miserable Behandlung führten 1899 zum ersten großen Bergarbeiterstreik. Die Bergleute, die zu dieser Zeit noch durch ein »Vereinigungsverbot« an gewerkschaftlichen Bestrebungen gehindert wurden, traten zu Tausenden in den Ausstand. Auf Drängen der Zechenverwaltungen rückte Militär ins Streikgebiet. Am 7. Mai wurden auf Zeche »Moltke« drei Bergleute erschossen; zwei Tage später feuerte eine Patrouille auf Geheiß eines 19jährigen Leutnants am Bochumer Bahnhof in eine Gruppe von Reisenden, wobei fünf zu Tode kamen. Der Leutnant später: »Ich wußte nicht, daß es Bürger waren, ich dachte, es handelte sich nur um Bergleute.«
»In der gesellschaftlichen Typologie«, schreibt Reding, »blieb die Position des Bergmanns bis zum Beginn des Ersten Weltkriegs unverändert niedrig.« Erst nach dem Krieg, nach Spartakus-Aufstand, Kapp-Putsch und Ruhrkampf (Unruhen, die alle im wesentlichen auf dem Rücken der Ruhrkumpel ausgetragen wurden) änderte sich das Bild. Die braunen Machthaber erhoben die Bergleute zu den »Adeligen der Arbeit«, was sie freilich nicht daran hinderte, die Kumpels in Sonderschichten auszupressen und ihr einziges Kampfinstrument, die mittlerweile gegründeten Bergarbeiter-Gewerkschaften, zu verbieten. Nach der Zerschlagung des Nazi-Regimes waren es dann wieder die Kumpels, die 'ran sollten – diesmal nicht für einen Unrechtsstaat, sondern für den Aufbau eines demokratischen Deutschland.
Mit Care-Paketen, »Bergmanns-Punkten« (die zum Bezug von knappen Gebrauchsgegenständen berechtigten) und pathetischen Sprüchen (»Der Bergmann an der Ruhr hält den Schlüssel zum Wiederaufbau Deutschlands und Europas in der Hand«) wurden sie zurück in die Pütts gelockt. Die »Neue Zeitung« schrieb 1947, daß es jetzt an den Kumpels liege, »durch erhöhte Förderung dem ganzen deutschen Volk den Dank für die bevorzugte Lieferung mit lang entbehrten Waren und wirklich ausreichender Ernährung abzustatten«. Die Bergleute fuhren wieder ein und legten das Fundament für das später vielzitierte »Wirtschaftswunder«. Gedankt wurde er ihnen in den Sechzigerjahren, als eine Zeche nach der anderen geschlossen wurde.

Zechensterben, schwarze Fahnen an der Ruhr, Proteste, Verzweiflung – die Kumpels im Revier verstanden die Welt nicht mehr. »Sie waren verunsichert«, schreibt Dietrich Springorum

vom Siedlungsverband Ruhrkohlenbezirk, »daß die pathetischen Beschwörungsformeln, mit denen das ganze Land – die Politik nicht ausgenommen – an ihren Leistungswillen appellierte, um die Wirtschaft nach den beiden verlorenen Kriegen wieder anzukurbeln, nicht mehr gelten sollten.« Und nun, wieder zwanzig Jahre später, soll es doch noch eine zweite Zukunft für die Kohle geben? Nach dem langen Zechensterben eine Wiedergeburt? Die Bergarbeiter im Revier, als realitätsbezogene und nüchterne Menschen bekannt, haben schon zu viele Versprechungen, Ankündigungen und Prophezeiungen gehört, als daß sie jetzt den neuen Verheißungen blindlings Glauben schenken würden.
Als das Ruhrgebiets-Blatt »Westdeutsche Allgemeine Zeitung« (WAZ) unlängst in einer Leserumfrage wissen wollte, ob »der Beruf des Bergmanns jetzt wieder attraktiver« werde, gab es ein schrilles Echo, in dem noch viel Verbitterung mitklang. Werner Fürstenberg, ehemaliger Bergmann der Zeche »Mansfeld« in Bochum, beispielsweise schrieb: »1962: Der Mohr hat seine Schuldigkeit getan, der Mohr kann gehen. 1979: Man hält dem Mohren ein schön verpacktes Butterbrot hin (Spitzenverdienst), schon beißt er zu? Für wie dumm hält man den Bergmann? Das getretene Herz ist noch immer wund.« Ein anderer Schreiber aus Bochum: »Heute, wo die Kohle wieder gefragt ist, spricht plötzlich IG-Bergbau-Vorsitzender Adolf Schmidt vom sozialen Rang des Bergmanns. Sollte in einigen Jahren die Kohle nicht mehr gefragt sein, dann tritt man den Kumpel wieder in den... (wie gehabt).«
Das Vertrauen vieler Kumpel, die seinerzeit von ihren Arbeitsplätzen vertrieben wurden und als gestandene Männer zur Umschulung noch mal auf die Schulbank mußten, ist offenbar gründlichst zerstört worden. Die hoffnungsfrohen Töne, die jetzt zu hören sind, lassen den Bottroper Bergmann Kurt Küther nur sarkastisch fragen: »Sind das die alten Lieder? Die hören wir alle Jahre wieder: gesungen – gepfiffen – getrommelt – gejazzt. Bis uns wieder das Trommelfell platzt.« Aber es sind anscheinend nicht nur die Alten, die mißtrauisch sind, auch die Schulabgänger haben offenbar wenig Vertrauen in den Bergbau. Jedenfalls herrscht in vielen Ruhrgebiets-Zechen, wie eine Umfrage der Gewerkschaftszeitung »Einheit« ergab, Arbeitskräftemangel. Das mag an der mittelmäßigen bis unterdurchschnittlichen Bezahlung liegen, scheint aber auch noch andere Gründe zu

haben. Adolf Schmidt: »Wenn von einem Wirtschaftszweig ein Vierteljahrhundert lang nur als Krisenbereich geredet wird, dann ist eine der ganz unvermeidbaren Folgen, daß dieser Bereich nicht über Nacht ein Magnet für Arbeitnehmer sein kann.«
So wird denn für die Zukunft der Kohle viel davon abhängen, ob es wieder gelingt, mehr junge Arbeitskräfte für den Bergbau zu werben. »Schon jetzt«, schreiben die »Einheit«-Redakteure, sei »die Beschäftigungsfrage das Problem Nr. 1. Bevor aus Kohle Benzin gemacht wird, muß sie nämlich gefördert werden.«

(geschrieben im August 1979)

Drucknachweis

Der Kumpel: Tonbandprotokoll vom 8. 11. 1980, Originalbeitrag
Die Wandlung: Süddeutsche Zeitung (SZ), Juli 1977
Der Hochofen: SZ vom 6. 2. 1980
Die Zeche: SZ vom 24./25. 3. 1979
Der FC Schalke 04: SZ vom 19./20. 5. 1979
Der Schlachthof: SZ vom 21. 9. 1979
Die Ruhr-Uni: In dieser Form Originalbeitrag
Der Stahlstreik: SZ vom 22. 12. 1978
Der Hafen: SZ vom 27. 7. 1979
Die Berufsschule: SZ vom 9. 2. 1979
Die Kolonie: Originalbeitrag
Die Bewerbung: SZ vom 24. 7. 1978
Die Industriedenkmäler: SZ vom 2. 11. 1977
Der Wahlkampf: SZ vom 16. 2. 1979
Die Türken: Originalbeitrag
Das Stahlwerk: SZ vom 15. 11. 1980
Die Ruhr: SZ vom 30./31. 8. 1980
Die Neonazis: SZ vom 2. 5. 1978
Die Tauben: SZ vom 20./21. 9. 1980
Die Kohle: SZ vom 1. 9. 1979